Ce livre est offert aux Pieds de Lotus
de notre Amma bien-aimée,
source de la Beauté et de l'Amour

Perles du cœur d'Amma

Conversations avec Sri Mata Amritanandamayi Dévi
recueillies par Swami Amritaswarupananda Puri

Titre original anglais "From Amma's Heart"
Edition française

From Amma's Heart (French)

Première édition française: mai 2005 - 1000 exemplaires
Deuxième édition française: septembre 2006 - 500 exemplaires
Troisième édition française: avril 2008 - 500 exemplaires
Quatrième édition française: mars 2009 - 1000 exemplaires
Cinquième édition française: mars 2010 - 1000 exemplaires
Sixième édition: avril 2011

Publié par :
Mata Amritanandamayi Mission Trust
Amritapuri P.O., Kollam Dist., Kerala, 690525, INDIA
Email: inform@amritapuri.org
Site web: www.amritapuri.org

Mise en page Amrita DTP, Amritapuri
Imprimé à Amrita Offset Printers, Amritapuri

Également disponible: Centre Amma
Ferme du Plessis 28 190 Pontgouin France
Tel: (0)2 37 37 44 30 Fax: (0)2 37 37 48 84\
E-mail: centreamma@wanadoo.fr

ISBN 978-2-913219-19-9

Préface

L'existence humaine serait triste sans la communication verbale. Le fait d'échanger des idées et de partager des émotions est une partie essentielle de la vie. C'est toutefois dans le silence acquis par la prière et la méditation que nous parvenons véritablement à trouver la paix et le bonheur réels en ce monde bruyant où abondent les différences conflictuelles et la compétition.

Dans la vie quotidienne, nous sommes bien obligés de communiquer dans toutes sortes de situations et il nous est difficile d'observer le silence. Même quand notre environnement est à la quiétude, il n'est pas si facile de rester silencieux. Cela peut même conduire un être humain ordinaire à la folie. Le silence plein de béatitude est cependant la vraie nature des êtres divins tels qu'Amma.

En observant comment Amma, dans le monde entier, accueille des situations très variées et reçoit des gens très différents, j'ai vu la grâce et la perfection avec lesquelles Elle passe en un instant d'un état intérieur à l'autre. Tantôt Elle incarne le Maître spirituel, tantôt la Mère pleine de compassion. Son attitude est parfois celle d'un enfant, parfois celle d'un administrateur. Elle conseille des chefs d'entreprise, des scientifiques de haut niveau et des dirigeants internationaux, puis se lève pour aller donner le *darshan*, recevoir et consoler des milliers de ses enfants, issus de tous les milieux. Amma passe généralement toute la journée et la plus grande partie de la nuit à les réconforter, à les écouter, à essuyer leurs larmes, à leur insuffler foi, force et confiance. Au milieu de tout cela, Elle demeure à jamais établie dans son état naturel de sérénité. Jamais Elle n'est lasse, jamais Elle ne se plaint. Son visage resplendit toujours d'un sourire radieux. Amma, l'extraordinaire sous une forme ordinaire, consacre chaque moment de sa vie aux autres.

Quelle est la différence entre Amma et nous ? Où est le secret ? D'où proviennent son énergie et sa puissance infinies ? Sa présence même constitue une réponse claire et tangible à ces questions. Mais Ses paroles le confirment : « La beauté de vos paroles, le charme de vos actions, l'attrait de vos mouvements, tout dépend de la quantité de silence que vous créez à l'intérieur. Les êtres humains ont la capacité de s'absorber de plus en plus profondément dans ce silence. Plus vous allez en profondeur, plus vous approchez de l'Infini. »

Ce profond silence est le cœur même de l'existence d'Amma. L'amour inconditionnel, l'incroyable patience, la grâce et la pureté extraordinaires d'Amma, tout ce qu'Elle incarne, ne sont que des prolongements du vaste silence qui l'habite.

Il fut un temps où Amma ne parlait pas comme Elle le fait aujourd'hui. Lorsqu'on lui en demanda un jour la raison, Elle répondit : « Même si Amma parlait, vous ne comprendriez rien. » Pourquoi ? C'est que, ignorants comme nous le sommes, nous ne pouvons pas avoir la moindre idée de l'état infiniment sublime et subtil dans lequel Elle est établie. Alors pourquoi parle-t-Elle ? Mieux vaut répondre en La citant: « Si personne ne guide les chercheurs de vérité, il se pourrait qu'ils quittent la vie spirituelle en pensant que l'état de réalisation du Soi n'existe pas. »

En fait les *mahatmas* (littéralement « grandes âmes », êtres réalisés) préfèreraient garder le silence plutôt que de parler de la réalité qui sous-tend le monde des phénomènes tel que nous le percevons. Amma sait très bien que les mots déforment inévitablement la Vérité et que notre mental limité et ignorant l'interprétera de manière incorrecte, de façon à déranger le moins possible notre ego. Cependant, cette incarnation de la Compassion nous parle, répond à nos questions et éclaircit nos doutes, tout en sachant très bien que notre mental inventera d'autres questions encore, source supplémentaire de confusion. Si Amma continue de répondre à nos questions ineptes, c'est mue par sa patience et par son pur amour pour l'humanité. Elle ne cessera que lorsque notre mental, lui aussi, connaîtra la béatitude du silence.

Lors des conversations rapportées dans ce livre, Amma, le Maître suprême, se met à la portée de ses enfants et nous permet ainsi d'obtenir un aperçu de la réalité immuable, substrat de ce monde fluctuant. C'est en 1999 que j'ai commencé à recueillir ces perles de sagesse. Ces conversations et ces belles anecdotes se sont presque toutes déroulées pendant les tournées qu'Amma effectue à l'étranger. Debout auprès d'Amma pendant le darshan, j'ai tenté d'écouter les douces et divines mélodies de Son coeur, mélodies qu'Elle est toujours prête partager avec ses enfants.

Il n'est pas facile de saisir la pureté, la simplicité et la profondeur des paroles d'Amma. C'est assurément bien au-delà de mes capacités. Si j'ai cependant pu enregistrer ces paroles divines et les reproduire ici, c'est purement l'effet de sa compassion infinie.

Tout comme Amma Elle-même, ses paroles possèdent une dimension plus profonde que ce que l'on peut voir au premier regard, un aspect infini que l'esprit humain ordinaire ne peut pas saisir. Je dois confesser ma propre incapacité à comprendre pleinement et à apprécier le sens plus profond des paroles d'Amma. Notre esprit, qui s'attarde dans le monde trivial des objets, ne peut appréhender le moins du monde l'état de conscience suprême à partir duquel Amma parle. Cela dit, j'ai le sentiment très fort que les paroles d'Amma contenues dans ce livre sont très spéciales et diffèrent quelque peu de celles que l'on trouve dans les livres précédents.

J'avais le désir sincère de choisir et de présenter les belles conversations informelles d'Amma avec ses enfants. Il m'a fallu quatre ans pour les recueillir. L'univers entier y est contenu. Ces mots ont leur source dans les profondeurs de la conscience d'Amma. Il faut donc entendre, juste au-dessous de leur surface, le silence plein de béatitude et la nature réelle d'Amma. Lisez avec le cœur. Contemplez ces paroles et méditez-les dans votre cœur ; elles révèleront leur sens caché.

Chers lecteurs, je suis certain que le contenu de ce livre vous permettra d'enrichir et d'intensifier votre quête spirituelle en clarifiant vos doutes et en purifiant votre esprit.

Swami Amritaswaroupananda
15 septembre 2003

Le but de la vie

Question : Amma, quel est le but de la vie ?

Amma : Tout dépend de vos priorités et de la manière dont vous considérez la vie.

Question : Ma question est : « Quel est le *véritable* but de la vie ? »

Amma : Le vrai but de la vie est de faire l'expérience de ce qui est au-delà de cette existence physique. Chacun considère toutefois la vie de la manière qui lui est propre. La plupart des êtres humains la perçoivent comme une lutte constante pour la survie et croient à la théorie selon laquelle « c'est le mieux adapté qui survit ». Ils se contentent d'un mode de vie ordinaire, d'avoir une maison, un travail, un mari ou une femme, des enfants et suffisamment d'argent pour vivre. Il s'agit certes de choses importantes et il faut se concentrer sur la vie quotidienne et assumer nos responsabilités, petites ou grandes. Mais il y a autre chose dans la vie, un sens plus élevé, qui est de connaître et de réaliser qui nous sommes.

Question : Amma, que gagnons-nous à nous connaître ?

Amma : Tout. Un sentiment de plénitude absolue. Il ne reste alors plus rien à obtenir de la vie. Cette prise de conscience rend la vie parfaite.

En dépit de tout ce qu'ils ont accumulé ou de ce qu'ils s'efforcent d'acquérir, la plupart des gens ont le sentiment que leur vie, comme la lettre C, est incomplète. Ce vide, ce manque existera toujours. Seule la connaissance spirituelle, la réalisation du Soi (*atman*) peut combler ce vide et joindre les deux extrémités pour former la lettre O. Seule la connaissance de « Cela » nous donnera le sentiment d'être fermement ancré dans le centre réel de la vie.

Question : Qu'en est-il, dans ce cas, des devoirs que chacun doit remplir dans ce monde ?

Amma : Peu importe qui nous sommes et ce que nous faisons. Les devoirs que nous accomplissons dans le monde devraient nous aider à atteindre le *dharma* suprême, l'union avec le Soi universel. Tous les êtres vivants sont uns parce que la vie est une. Et elle n'a qu'un seul but. L'identification au corps et au mental peut nous induire à penser : « Mon *dharma* n'est pas de chercher le Soi et d'atteindre la réalisation, mais de travailler comme musicien, acteur ou homme d'affaires. » Il n'y a aucun mal à penser ainsi. Cependant, à moins de diriger toute notre énergie vers le but suprême de la vie, nous ne trouverons jamais la plénitude.

Question : Amma, tu dis que le but suprême de la vie est, pour tous, de connaître le Soi. Il semble pourtant qu'il n'en soit pas ainsi parce que la plupart des gens n'atteignent pas cet état et ne font même apparemment aucun effort en ce sens.

Amma : C'est que la plupart des gens n'ont aucune compré-hension spirituelle. Ce que l'on appelle *maya*, la puissance d'illusion du monde, voile la Vérité et en éloigne l'humanité.
Que nous en ayons conscience ou non, le véritable but de la vie est de connaître le divin qui est en nous. Dans votre état de conscience actuel, vous ignorez peut-être bien des choses. Il serait puéril d'affirmer qu'elles n'existent pas sous prétexte que vous n'en avez pas conscience. Au fur et à mesure que les situations et les expériences se présentent, ce sont des phases nouvelles et inconnues de la vie qui se révèlent, et vous rapprochent peu à peu de votre véritable Soi. Ce n'est qu'une question de temps. Chez certains, cette prise de conscience s'est déjà produite, chez d'autres, elle peut avoir lieu à tout moment, chez d'autres encore, elle surviendra plus tard. Ne croyez pas que cela n'arrivera jamais simplement parce que vous n'avez pas encore eu cette réalisation ou que ne l'aurez peut-être pas dans cette vie.

Une connaissance immense est présente à l'intérieur de vous, attendant que vous lui permettiez de se révéler. Mais cela n'adviendra pas sans votre permission.

Question : Qui doit donner cette permission ? Le mental ?

Amma : L'être tout entier : le mental, le corps et l'intellect.

Question : Est-ce une question de compréhension ?

Amma : De compréhension et d'action.

Question : Comment développer cette compréhension ?

Amma : En cultivant l'humilité.

Question : Pourquoi l'humilité est-elle si importante ?

Amma : L'humilité permet d'accepter toutes les expériences sans les juger. On apprend alors plus de choses.

Il ne s'agit pas uniquement d'une compréhension intellectuelle. Beaucoup de gens en ce monde ont en tête des informations spirituelles en quantité plus que suffisante. Et pourtant combien, parmi eux, sont véritablement tournés vers la vie spirituelle et s'efforcent sincèrement d'atteindre le but ou même de parvenir à une compréhension plus profonde des principes spirituels ? Très peu, n'est-ce pas ?

Question : Alors, Amma, où est le vrai problème ? Est-ce le manque de foi ? Est-ce parce qu'il est difficile de sortir de sa tête ?

Amma : Si ta foi est authentique, tu tombes automatiquement dans le cœur.

Question : C'est donc le manque de foi ?

Amma : Qu'en penses-tu ?

Question : Oui, c'est le manque de foi. Mais pourquoi as-tu employé l'expression « tomber dans le cœur » ?

Amma : Du point de vue physique, la tête est la partie supérieure du corps. Pour aller dans le cœur, il faut descendre. Spirituellement parlant, il s'agit toutefois d'une montée, d'une ascension qui nous permet de prendre notre essor et d'accéder à des régions supérieures.

Sois patient, parce que tu es un patient

Question : Comment obtient-on l'aide réelle d'un *satguru* (Maître authentique) ?

Amma : Pour recevoir de l'aide, accepte tout d'abord le fait d'être un patient, puis sois patient.

Question : Amma, es-tu notre médecin ?

Amma : Aucun bon médecin n'ira proclamer aux alentours : « Je suis le meilleur de tous les praticiens. Venez me voir, je vais vous guérir. » Sans la foi du malade en son médecin, fût-il le meilleur médecin du monde, il se peut que le traitement reste sans effet.

Quel que soit le moment, quel que soit le lieu, toutes les opérations chirurgicales qui se déroulent dans le bloc opératoire de la vie sont l'œuvre de Dieu. Vous avez vu que les chirurgiens portent un masque quand ils opèrent. Personne ne les reconnaît à ce moment-là. Mais derrière le masque, il y a le docteur. De même, juste sous la surface de toutes les expériences de la vie, se trouve le visage plein de compassion de Dieu, du *guru*.

Question : Amma, es-tu sans pitié envers tes disciples lorsqu'il s'agit d'enlever leur ego ?

Amma : Quand un médecin opère pour ôter la partie cancéreuse du corps d'un malade, dirais-tu qu'il se montre sans pitié ? Si c'est le cas, alors Amma aussi est impitoyable, si l'on peut dire. Mais elle ne touche à l'ego de ses enfants que s'ils coopèrent.

Question : Que fais-tu pour les aider ?

Amma : Amma aide ses enfants à voir le cancer de l'ego, les faiblesses intérieures et la négativité ; il leur est alors plus facile de s'en délivrer. C'est cela, la véritable compassion.

Question : Est-ce que tu les considères comme tes patients ?

Amma : Il est plus important qu'*eux-mêmes* comprennent qu'ils sont malades.

Question : Qu'entends-tu par « la coopération du disciple » ?

Amma : La foi et l'amour.

Question : Amma, c'est une question stupide, mais je ne peux pas m'empêcher de la poser. Je t'en prie, pardonne-moi si je suis trop stupide.

Amma : Vas-y, pose ta question.

Dévot : Quel est le pourcentage de réussite dans tes opérations ?

Amma éclate de rire et tapote gentiment le dévot sur la tête.

Amma (*riant encore*) : Fils, les opérations réussies sont très rares.

Question : Pourquoi ?

Amma : Parce que l'ego ne permet pas à la plupart des gens de coopérer avec le docteur. Il ne laisse pas le médecin faire son travail.

Question (*d'un air malicieux*) : Le docteur, c'est toi n'est-ce pas ?

Amma (*en anglais*) : *I don't know* (Je ne sais pas).

Question : D'accord, Amma, mais qu'est-ce qui est indispensable pour qu'une telle opération réussisse ?

Amma : Une fois que le malade est sur la table d'opération, la seule chose qu'il peut faire, c'est rester tranquille, avoir foi dans le chirurgien et s'abandonner. De nos jours, même pour des opérations mineures, on anesthésie les malades. Personne ne veut souffrir. Les gens préfèrent être inconscients plutôt que de rester éveillés quand ils doivent traverser la souffrance. L'anesthésie, qu'elle soit locale ou générale, rend le malade inconscient de ce qui se passe. Mais quand un maître authentique travaille sur vous, sur l'ego, il préfère que vous soyez conscient. La chirurgie du Maître divin enlève l'ego cancéreux du disciple. Tout ce processus est beaucoup plus facile si le disciple peut rester ouvert et conscient.

Le vrai sens du mot dharma

Question : Il existe différentes manières d'expliquer le mot *dharma*. Tant d'interprétations pour un même terme engendrent la confusion. Amma, quel est le vrai sens du mot *dharma* ?

Amma : Il nous est révélé seulement quand nous percevons Dieu comme notre source et notre soutien. Il ne se trouve ni dans les mots ni dans les livres.

Question : Cela, c'est le *dharma* ultime, n'est-ce pas ? Mais comment trouver un sens qui convienne à notre vie quotidienne ?

Amma : C'est une révélation qui est donnée à chacun de nous au fur et à mesure que nous traversons les diverses expériences de la vie. Chez certains, elle se produit rapidement. En un rien de temps, ils trouvent la voie juste et l'action juste. Chez d'autres, le processus se fait lentement. Ils avancent en tâtonnant et se fourvoyent peut-être avant d'arriver à un moment de la vie où ils commencent à accomplir leur *dharma* en ce monde. Cela ne signifie pas que tout ce qu'ils ont fait par le passé a été inutile. Non, cela a enrichi leur expérience et ils en ont retiré de nombreuses leçons, à condition qu'ils soient restés ouverts.

Question : Le fait de mener une vie de famille ordinaire, d'affronter les défis et les problèmes qui se posent à nous en tant que parent, peut-il constituer un obstacle à notre éveil spirituel ?

Amma : Non, si nous nous rappelons que le but ultime de notre vie est de réaliser le Soi. Si tel est notre but, nous ferons en sorte que toutes nos pensées et nos actions nous en rapprochent, n'est-ce pas ? Nous garderons toujours à l'esprit notre véritable destination. Un voyageur peut s'arrêter plusieurs fois en route pour prendre une tasse de thé ou se restaurer, mais il retourne toujours à son véhicule. Il a beau faire de courts arrêts, il n'oublie pas sa destination. Ainsi, dans la vie, il peut nous arriver, pour différentes raisons, de faire de nombreux arrêts. Mais n'oublions pas de remonter à bord du véhicule qui nous transporte sur la voie spirituelle et de nous y asseoir en gardant la ceinture de sécurité bien attachée.

Question : « La ceinture de sécurité bien attachée ? »

Amma : Oui. En vol, les trous d'air créent des turbulences et il arrive que l'avion soit secoué. Même sur la route il se produit des accidents. Mieux vaut donc rester prudent et prendre certaines mesures de sécurité. De même, au cours de notre voyage spirituel, il est impossible d'écarter les situations qui provoquent des tempêtes au niveau mental et émotionnel. Pour nous protéger de telles circonstances, il nous faut écouter le *satguru* (le Maître authentique), suivre la discipline et respecter les obligations et les interdits nécessaires. En ce qui concerne le voyage spirituel, voilà ce que l'on peut appeler « la ceinture de sécurité ».

Question : Donc, quel que soit notre travail, il ne devrait pas nous distraire de notre *dharma* ultime, qui est de réaliser Dieu. Est-ce là ce que tu suggères, Amma ?

Amma : Oui. Chez ceux d'entre vous qui souhaitent mener une vie de contemplation et de méditation, la soif de Dieu doit rester ardente. *Dharma* signifie « ce qui soutient ». Le support de la vie et de l'existence, c'est l'*atman* (le Soi). Ainsi donc le mot *dharma*, bien qu'il soit communément employé pour désigner le devoir d'une personne ou la voie qu'elle devrait suivre, indique en fait la direction de la réalisation du Soi. En ce sens, seules les pensées et les actions favorables à notre évolution spirituelle méritent le nom de *dharma*.

Les actions accomplies au moment juste, avec l'attitude juste et de la manière juste sont dharmiques. Ce sens de l'action juste peut contribuer à notre purification intérieure. Que vous soyez homme d'affaires, chauffeur, boucher ou homme politique, quel que soit votre travail, si vous l'accomplissez comme un *dharma*, un moyen d'aller vers *moksha* (la libération), alors vos actions deviennent sacrées. C'est ainsi que les *gopis* (les épouses des pâtres) de Vrindavan, qui gagnaient leur vie en vendant du lait et du beurre, devinrent très proches de Dieu et atteignirent finalement le but de la vie.

Amour et amour

Dévot : Amma, quelle est la différence entre l'amour et l'Amour ?

Amma : La différence entre l'amour et l'Amour est celle qui existe entre les êtres humains et Dieu. L'Amour est la nature de Dieu et l'amour est la nature des êtres humains.

Dévot : Mais l'Amour est aussi la nature réelle des êtres humains, n'est-ce pas ?

Amma : Oui, à condition de réaliser cette vérité.

Conscience et présence

Question : Amma, qu'est-ce que Dieu ?

Amma : Dieu est pure Conscience ; Dieu est pure Présence.

Question : Est-ce qu'il s'agit de la même chose ?

Amma : Oui. Plus il y a de présence, plus il y a de conscience, et vice versa .

Question : Amma, quelle différence y a-t-il entre la matière et la conscience ?

Amma : L'une est l'extérieur et l'autre l'intérieur. L'extérieur est matière et l'intérieur est conscience. L'extérieur change et l'intérieur, l'*atman* (le Soi) qui demeure en nous, est immuable. La présence de l'*atman* est la vie et la lumière de toute chose. L'*atman* produit sa propre lumière, ce qui n'est pas le cas de la matière. Sans la conscience, la matière ne se connaîtrait pas elle-même. Cependant, une fois que nous avons transcendé toutes les différences, nous voyons que tout est imprégné de pure conscience.

Question : « Au-delà de toutes les différences », « tout est imprégné de pure conscience ». Amma, tu utilises toujours de beaux exemples. Peux-tu nous en donner un qui rendrait tes paroles plus tangibles ?

Amma (*en souriant*) : Des milliers de beaux exemples n'empêcheront pas le mental de répéter les mêmes questions. Seule l'expérience pure éclaircira tous les doutes. Amma n'est toutefois pas opposée au fait de donner un exemple, si l'intellect en retire un peu plus de satisfaction.

Imaginez une forêt. Dans la forêt, vous voyez une grande variété d'arbres, de plantes et de plantes grimpantes. Mais quand vous sortez de la forêt et que vous vous en éloignez, si vous vous retournez de temps en temps, vous voyez les plantes et les arbres disparaître peu à peu pour ne plus former qu'une masse : la forêt. De même, quand vous transcendez le mental, ses limites, constituées par les petits désirs et les différences engendrées par le sentiment de l'existence d'un « moi » et d'un « toi » séparés, disparaissent. Alors vous percevez tout comme le Soi unique.

La conscience est, de toute éternité

Question : Si la conscience est toujours présente, existe-t-il une preuve convaincante de son existence ?

Amma : Ta propre existence est la preuve la plus convaincante de la réalité de la conscience. Peux-tu nier ta propre existence ? Même une négation apporterait la claire évidence que tu es bien là. Suppose qu'on te demande : « Hé, tu es là ? » et que tu répondes : « Non, je ne suis pas là. » cette négation est la preuve même que tu es bel et bien là. Tu n'as pas besoin de l'affirmer. Rejette cette affirmation et tu la prouves. Il est donc impossible de mettre en doute l'*atman* (le Soi).

Question : S'il en est ainsi, pourquoi est-il si difficile de parvenir à en faire l'expérience ?

Amma : Nous ne pouvons faire l'expérience de « Ce qui est » que lorsque nous en avons conscience. Sinon, Cela nous demeure inconnu, bien que Cela existe. C'est simplement parce que nous ne connaissons pas la réalité de « Ce qui est ». La loi de la gravité existait avant qu'on la découvre. De tous temps, une pierre lancée en l'air est retombée. De même, la Conscience est toujours présente en nous, maintenant, à l'instant présent, mais nous n'en avons pas conscience. En fait, seul l'instant présent est réel. Mais pour en faire l'expérience, nous avons besoin d'une vision nouvelle, d'un œil neuf et même d'un corps neuf.

Question : « D'un corps neuf » ? Qu'entends-tu par là ?

Amma : Cela ne signifie pas que le corps actuel doive disparaître. Il aura le même aspect, mais il se fera en lui un changement subtil, une transformation. Parce que c'est seulement ainsi qu'il pourra contenir la conscience en expansion continuelle.

Question : Qu'entends-tu par « conscience en expansion » ? Les Upanishads déclarent que l'Absolu est *purnam* (éternelle plénitude). Les Upanishads disent « Ceci est le Tout, Cela est le Tout ... » Je ne comprends donc pas comment la conscience, qui est déjà parfaite, peut encore grandir.

Amma : C'est très juste. Toutefois, sur le plan individuel, physique, le chercheur spirituel passe par une expérience d'expansion de la conscience. Certes, la *shakti* totale (l'énergie divine) est immuable. Bien que du point de vue du Védanta (qui se rapporte à la philosophie spirituelle hindoue de la non-dualité) le voyage spirituel n'existe pas, du point de vue de l'individu, ce soi-disant voyage vers l'état de perfection a bien lieu. Une fois arrivé au but, vous comprendrez que tout ce processus, y compris le voyage, était irréel, parce qu'en fait vous avez toujours été dans cet état, vous n'en avez jamais été séparé. Mais jusqu'à ce que cette prise de conscience ait lieu, il y a bien une expansion de la conscience et de la faculté d'être présent, qui dépend des progrès du *sadhak* (chercheur spirituel).

Que se passe-t-il par exemple quand vous tirez de l'eau d'un puits ? Il est aussitôt rempli par l'eau de la source souterraine. Elle le remplit continuellement. Plus vous puisez, plus l'eau monte de la source. On pourrait donc dire, d'une certaine manière, que la quantité d'eau dans le puits augmente. La source est une fontaine qui ne tarit jamais. Le puits est plein et il le demeure parce qu'il est éternellement relié à la source. Le puits ne cesse jamais d'aller vers la perfection, de grandir.

Question : (*Après un silence songeur*) : La description est vivante, mais c'est encore bien compliqué.

Amma : Oui, le mental est incapable de comprendre. Amma le sait. Le plus facile est aussi le plus difficile. Le plus simple demeure le plus compliqué. Et le plus proche semble le plus éloigné. Tant que vous n'aurez pas réalisé le Soi, cela restera une énigme. C'est pourquoi les *rishis* (les sages des temps anciens) ont décrit l'*atman* ainsi : « Plus lointain que le plus lointain et plus proche que le plus proche ».

Mes enfants, le corps humain est un instrument très limité. Il ne peut contenir la conscience infinie. Mais comme le puits, une fois que nous sommes reliés à la source éternelle de *shakti*, la conscience ne cesse de grandir en nous. Lorsque nous avons atteint l'état ultime de *samadhi* (état naturel d'union avec Cela), la relation entre le corps et le mental, entre Dieu et le monde, se fait dans une parfaite harmonie. Alors il n'y a plus de croissance, il n'y a rien. On est établi dans l'union avec l'océan infini de la conscience.

Sans prétention

Question : Amma, as-tu des prétentions ?

Amma : Quel genre de prétentions ?

Dévot : Par exemple celle d'être reconnue en tant qu'incarnation de la Mère divine, en tant que Maître pleinement réalisé, etc.

Amma : Un président ou un premier ministre sont-ils toujours en train de proclamer partout où ils vont : « Savez-vous qui je suis ? Je suis le Président, je suis le Premier Ministre. » ? Non. Ils sont ce qu'ils sont. Le fait de proclamer que l'on est un *avatar* (Dieu descendu sous une forme humaine) ou que l'on a réalisé le Soi implique un ego. En réalité, le fait même que quelqu'un se proclame une incarnation, une âme parfaite, prouve qu'il ne l'est pas.

Les maîtres parfaits n'ont pas de telles prétentions. Ils donnent toujours au monde un exemple d'humilité. Rappelez-vous, la réalisation du Soi ne vous rend pas exceptionnel, elle rend humble. Il n'y a pas besoin d'être réalisé ni d'avoir un pouvoir particulier pour proclamer : « Je suis quelqu'un d'important. » Il suffit d'avoir un gros ego, un faux orgueil. C'est ce qu'un maître parfait n'a pas.

L'importance du maître sur la voie spirituelle

Question : Pourquoi accorde-t-on tant d'importance au maître sur la voie spirituelle ?

Amma : Voyons, peux-tu citer à Amma une seule voie, une seule profession que l'on puisse apprendre sans l'aide d'un enseignant ou d'un guide ? Si tu veux apprendre à conduire, tu as besoin qu'un conducteur expérimenté te montre à le faire. Un enfant a besoin qu'on lui apprenne à nouer les lacets de ses chaussures. Et comment peut-on étudier les mathématiques sans professeur ? Même un pickpocket a besoin qu'on lui enseigne l'art de voler. Si les professeurs sont indispensables dans la vie ordinaire, le besoin n'est-il pas plus grand sur la voie spirituelle, qui est si subtile ? Pour aller dans un pays lointain, il n'est peut-être pas inutile d'acheter une carte. Mais vous aurez beau étudier la carte à fond, si ce pays vous est totalement étranger et inconnu, vous n'en saurez rien avant d'être arrivé. La carte ne vous dira pas grand-chose non plus sur le voyage, l'état de la route et les dangers possibles qui vous guettent. Mieux vaut donc recevoir les conseils d'un guide qui a déjà fait le voyage et connaît le chemin par expérience.

Que sais-tu de la voie spirituelle ? Il s'agit d'un monde et d'un chemin totalement inconnus. Tu as peut-être glané quelques informations dans les livres et au travers des gens que tu as rencontrés. Mais quand il s'agit de parcourir la route, de faire l'expérience, il est absolument nécessaire d'être guidé par un *satguru* (un maître authentique).

Le contact qui guérit

Un des organisateurs du tour européen amena à Amma une jeune femme qui pleurait abondamment. « Elle a une histoire très triste à raconter à Amma... » me dit-il. Le visage ruisselant de larmes, cette femme confia à Amma que son père avait quitté la maison alors qu'elle n'avait que cinq ans. Petite fille, elle demandait à sa mère ce qu'il devenait. Mais sa mère n'avait jamais rien de bon à lui dire au sujet de son père, parce que leur relation de couple avait été très mauvaise. Les années passèrent et la curiosité de l'enfant au sujet de son père s'éteignit peu à peu.

Il y a deux ans, c'est-à-dire vingt ans après la disparition de son père, la mère de la jeune femme mourut. En triant les affaires de sa mère, elle fut étonnée de trouver l'adresse de son père dans l'un de ses vieux agendas. Elle réussit rapidement à trouver son numéro de téléphone et, ne pouvant contenir son impatience, l'appela aussitôt. Le père et la fille débordaient de joie. Ils eurent une longue conversation au téléphone et décidèrent de se rencontrer. Il accepta de venir en voiture jusqu'au village où elle habitait et ils fixèrent une date. Mais le destin se montra extrêmement cruel, impitoyable. Car, en allant à ce rendez-vous, il fut victime d'un accident qui lui coûta la vie.

La jeune femme en eut le cœur brisé. L'administration de l'hôpital la convoqua pour identifier le corps et le lui remit pour qu'elle s'en occupe. Imaginez son désespoir. Elle avait attendu avec un immense espoir cette rencontre avec son père, qu'elle n'avait pas vu depuis vingt ans, et elle ne pouvait voir que sa dépouille mortelle ! Pour envenimer encore les choses, les médecins révélèrent à la jeune femme que son père avait eu une crise cardiaque au volant ; c'était là la cause de l'accident. Et si c'était l'intense émotion de revoir sa fille après tant d'années qui avait provoqué cette crise cardiaque ?

Ce matin-là, quand Amma reçut la jeune femme, je fus témoin d'un des plus beaux darshans que j'aie jamais observés, un des plus touchants aussi. Tandis que cette jeune femme donnait libre cours à son chagrin, Amma essuyait ses propres larmes qui roulaient sur ses joues. Elle la prit tendrement dans ses bras, lui mit la tête sur ses genoux, essuya ses larmes, la caressa et l'embrassa, en lui disant affectueusement : « Ma fille, mon enfant, ne pleure pas ! » Elle donnait à cette jeune femme le calme et le réconfort dont elle avait besoin. Il n'y eut pratiquement aucun échange verbal. J'ai observé cette scène avec toute l'ouverture dont j'étais capable et c'est ainsi que j'ai appris une autre leçon importante sur la guérison d'un cœur blessé et la manière dont elle se produit en présence d'Amma. Lorsque la jeune femme se leva, il s'était produit en elle un changement évident. Elle semblait profondément soulagée et détendue. Au moment de partir, elle se tourna vers moi et dit : « Maintenant que j'ai rencontré Amma, je me sens aussi légère qu'une fleur. »

En des moments aussi intenses, Amma emploie très peu de mots, surtout quand il s'agit de partager la peine et la douleur d'autrui. Seul le silence, associé à une profonde empathie, peut refléter la peine d'autrui. En de telles situations, Elle parle avec les yeux, partage la souffrance de son enfant et exprime son amour profond, sa sollicitude, en montrant combien elle participe à sa peine et en est touchée.

Comme le dit Amma : « L'ego ne peut guérir personne. Inutile de se tenir dans les hautes sphères de la philosophie et d'employer de grands mots : cela ne fait que créer de la confusion en l'autre personne. En revanche, le regard ou le contact physique d'un être sans ego dissipe facilement les nuages de souffrance et de désespoir accumulés dans le mental. C'est cela qui apporte la vraie guérison. »

La souffrance liée à la mort

Question : Pourquoi la mort est-elle associée à autant de peur et de souffrance ?

Amma : Trop d'attachement au corps et au monde engendre la souffrance et la peur de la mort. Presque tout le monde croit que la mort est un anéantissement complet. Personne ne veut quitter le monde et disparaître dans l'oubli. Avec un tel attachement, le processus qui consiste à quitter le corps et le monde peut être douloureux.

Question : La mort sera-t-elle sans douleur si nous dépassons cet attachement ?

Amma : Si l'on transcende l'attachement au corps, non seulement la mort est sans douleur, mais elle devient une expérience pleine de béatitude. On peut alors être témoin de la mort du corps. Le détachement intérieur fait de la mort une expérience entièrement différente.

La majorité des gens meurent avec un terrible sentiment de déception et de frustration. Consumés par une profonde tristesse, ils passent les derniers jours de leur vie dans l'angoisse, la douleur et un désespoir total. Pourquoi ? Parce qu'ils n'ont jamais appris à lâcher prise, à se libérer de leurs rêves, de leurs désirs et de leurs attachements déraisonnables. La vieillesse de telles personnes et surtout leurs derniers jours sont pires que l'enfer. C'est pourquoi il est important de développer la sagesse.

Question : La sagesse se développe-t-elle avec l'âge ?

Amma : C'est la croyance communément répandue. Au cours des différentes phases de la vie, les gens sont censés tout voir et faire le tour de toutes les expériences, si bien que la sagesse s'éveille en eux. Il n'est toutefois pas si facile d'atteindre ce niveau de sagesse, surtout dans le monde actuel où les gens sont devenus si égocentriques.

Question : Quelle vertu fondamentale faut-il développer pour atteindre ce degré de sagesse ?

Amma : Une vie fondée sur la contemplation et la méditation. C'est ce qui nous permet d'aller plus profondément dans les multiples expériences que la vie nous offre.

Question : Amma, la plupart des gens en ce monde sont loin d'être des tempéraments méditatifs ou contemplatifs. Peuvent-ils mettre ce conseil en pratique ?

Amma : Tout dépend de l'importance qu'on y attache. Rappelle-toi, il fut un temps où la contemplation et la méditation faisaient partie de la vie. C'est pourquoi tant de choses ont été accomplies à l'époque, bien que la science et la technologie n'aient pas été aussi développées qu'elles le sont aujourd'hui. Tout ce que nous faisons maintenant, nous le devons aux découvertes de cette époque-là.

Dans le monde actuel, on n'accepte plus d'aller à l'essentiel, sous prétexte que « ce n'est pas facile à réaliser ». C'est l'une des caractéristiques du *Kali yuga*, l'âge des ténèbres matérialistes. Il est facile de réveiller quelqu'un qui dort, mais difficile de réveiller celui qui fait semblant de dormir. A quoi sert de tenir un miroir devant un aveugle ? A notre époque, les gens préfèrent garder les yeux fermés devant la Vérité.

Dévot : Amma, qu'est-ce que la vraie sagesse ?

Amma : Ce qui contribue à rendre la vie simple et belle est la vraie sagesse. C'est la compréhension juste que l'on obtient en affinant son discernement. Lorsque nous avons réellement développé cette vertu, elle se reflète dans nos pensées et dans nos actes.

L'humanité aujourd'hui

Question : Qu'en est-il de l'humanité aujourd'hui, d'un point de vue spirituel ?

Amma : Dans l'ensemble, il se produit dans le monde un immense éveil spirituel. Il ne fait aucun doute que les gens sont de plus en plus conscients de la nécessité d'adopter un mode de vie tourné vers la spiritualité, même s'ils ne relient pas directement cela à la vie spirituelle. Dans les pays occidentaux, la philosophie du New Age, le yoga et la méditation sont plus populaires que jamais. Dans beaucoup de pays, le yoga et la méditation sont à la mode, surtout dans les classes supérieures de la société. Même les athées acceptent l'idée fondamentale d'une vie en harmonie avec la nature et avec les principes de la spiritualité. On constate partout une soif intérieure, le besoin impérieux de changer. Il s'agit là sans aucun doute d'un signe positif.

En revanche, l'influence du matérialisme et des plaisirs matériels grandit également de manière incontrôlable. Si les choses continuent à évoluer de cette manière, un déséquilibre grave va s'installer. Quand les plaisirs matériels sont en jeu, les gens ont très peu de discernement ; leur approche est souvent dépourvue d'intelligence et destructrice.

Question : Notre époque a-t-elle quelque chose de nouveau ou de particulier ?

Amma : Chaque moment est particulier, si l'on peut dire. Notre époque est toutefois particulière, parce que nous avons presque atteint un autre sommet de l'existence humaine.

Question : Vraiment ? Lequel ?

Amma : Le sommet de l'ego, de la noirceur et de l'égoïsme.

Question : Amma, s'il te plaît, pourrais-tu développer un peu ce point ?

Amma : Selon les *rishis* (les sages des temps anciens) il existe quatre époques (*yuga*) : Satya*yuga*, Treta*yuga*, Dwapara*yuga* et Kali*yuga*. Nous sommes actuellement dans le Kali*yuga*, l'âge noir du matérialisme. Le Satya*yuga* vient en premier, une époque où règnent sans partage la vérité et la droiture. Ayant traversé les deux autres, Treta et Dwapara*yuga*, l'humanité est maintenant parvenue au dernier, le Kali*yuga*, qui théoriquement débouche sur un nouveau Satya*yuga*. Mais lors de notre entrée, de notre séjour et de notre sortie du Treta puis du Dwapara*yuga*, nous avons perdu beaucoup de nobles valeurs, telles que la vérité, la compassion, l'amour, etc. L'époque de la vérité et de la véracité fut un sommet. Le Treta et le Dwapara*yuga* ont constitué le milieu, deux époques où nous avons encore maintenu un peu de *dharma* (droiture) et de *satya* (vérité). Nous avons maintenant atteint un autre sommet, celui de l'*adharma* (iniquité) et de l'*asatya* (le mensonge). L'humanité ne prendra conscience des ténèbres qui l'environnent actuellement que grâce à des leçons d'humilité. Cela nous préparera à faire l'ascension du sommet de la lumière et de la droiture. Espérons, prions pour que les gens de toutes les confessions et de toutes les cultures du monde apprennent cette leçon, qui est le besoin fondamental de notre époque.

Un raccourci vers la réalisation du Soi ?

Question : Dans le monde actuel, les gens recherchent des raccourcis pour tout. Existe-t-il un raccourci vers la réalisation du Soi ?

Amma : Cela revient à demander : « Existe-t-il un raccourci vers moi-même ? » La réalisation du Soi est la voie qui mène à votre propre Soi. C'est donc aussi simple que d'appuyer sur un interrupteur. Il faut cependant savoir sur quel bouton appuyer et comment le faire, parce qu'il est caché à l'intérieur. On ne le trouvera jamais à l'extérieur. L'aide d'un maître divin est donc nécessaire.

La porte est toujours ouverte. Il suffit d'entrer.

Le progrès spirituel

Question : Amma, je médite depuis des années et pourtant, je n'ai pas le sentiment de progresser. Est-ce que je fais des erreurs ? Penses-tu que je fais les pratiques spirituelles qui me conviennent ?

Amma : Tout d'abord, Amma veut savoir pourquoi tu penses que tu ne progresses pas ? Quel est, selon toi, le critère du progrès spirituel ?

Dévot : Je n'ai jamais eu de vision.

Amma : A quel genre de vision t'attends-tu ?

Dévot : Je n'ai jamais vu de lumière divine bleue.

Amma : Où as-tu pris l'idée d'une lumière bleue ?

Dévot : C'est un de mes amis qui m'en a parlé. Je l'ai aussi lu dans les livres.

Amma : Mon fils, ne nourris pas de concepts inutiles au sujet de ta *sadhana* (pratiques spirituelles) et de ton développement spirituel. C'est là l'erreur que tu commets. Tes notions sur la spiritualité peuvent devenir des obstacles sur ton chemin. Tes pratiques sont bonnes, mais ton attitude, elle, n'est pas juste. Tu attends qu'une lumière divine de couleur bleue t'apparaisse. Ce qui est étrange, c'est que tu penses que la lumière divine est bleue, alors que tu n'as aucune idée de ce qu'elle est. Qui sait, peut-être qu'elle t'est déjà apparue, mais *toi*, tu attendais une certaine lumière bleue. Et si le divin décidait de t'apparaître sous la forme d'une lumière rouge ou verte ? Tu aurais pu manquer son apparition.

Un des fils d'Amma lui dit un jour qu'il attendait l'apparition d'une lumière verte dans sa méditation. Amma lui a répondu de faire attention en conduisant, car il risquait de griller un feu rouge en pensant qu'il était vert. De telles conceptions de la spiritualité sont réellement dangereuses.

Mon fils, le but de toutes les pratiques spirituelles, c'est d'être en paix, quelles que soient les circonstances. Tout le reste passera, qu'il s'agisse d'une lumière, d'un son ou d'une forme. Même si tu as des visions, elles seront temporaires. La seule expérience permanente, c'est la paix absolue. Cette paix et l'expérience d'un mental serein, c'est cela le vrai fruit de la vie spirituelle, et rien d'autre.

Question : Amma, est-ce mal de désirer avoir de telles expériences ?

Amma : Amma ne dirait pas que c'est mal. Néanmoins, ne leur accorde pas trop d'importance car cela peut vraiment ralentir ta croissance spirituelle. Si elles surviennent, accepte-les. Voilà l'attitude juste.

Dans les débuts de la vie spirituelle, un chercheur nourrit beaucoup de conceptions erronées au sujet de la spiritualité car il est hyper-enthousiaste et son niveau de conscience est bas. Certains désirent par exemple à la folie la vision de dieux et de déesses. Aspirer à voir différentes couleurs est une autre obsession. Des sons magnifiques fascinent beaucoup de gens. Combien de chercheurs gâchent leur vie à courir après les *siddhis* (pouvoirs yogiques) ! D'autres encore cherchent ardemment à obtenir le *samadhi* (état naturel d'union avec Dieu) et *moksha* (la libération) de manière instantanée. Et les gens ont aussi entendu beaucoup d'histoires au sujet de l'éveil de la *kundalini* (l'énergie spirituelle qui se trouve endormie à la base de la colonne vertébrale). Un véritable chercheur spirituel n'est jamais obsédé par de telles idées. Toutes ces notions peuvent très bien ralentir notre progrès spirituel. C'est pourquoi, il est important, dès le début, de comprendre clairement sa démarche spirituelle et d'en avoir une approche saine et intelligente. Ecouter sans discernement toute personne qui se proclame un maître ou lire des ouvrages sans les sélectionner ne fait qu'ajouter à la confusion.

Le mental d'un être réalisé

Question : Comment est le mental d'un être réalisé ?

Amma : C'est un mental sans mental.

Question : Est-ce que c'est l'absence de mental ?

Amma : C'est un état d'expansion.

Question : Mais eux aussi communiquent avec le monde. Comment est-ce possible sans mental ?

Amma : Bien sûr, ils « utilisent » le mental pour communiquer avec le monde. Il y a cependant une grande différence entre le mental humain ordinaire, rempli de pensées variées, et celui d'un *mahatma* (être réalisé). Les *mahatmas* se servent du mental tandis que dans notre cas, c'est le mental qui se sert de nous. Les êtres réalisés ne calculent pas, ils vivent dans la spontanéité, qui est la nature du cœur. Celui qui est trop identifié à son mental ne peut être spontané.

Question : La majorité des gens qui vivent dans ce monde sont identifiés à leur mental. Veux-tu dire que leur nature à tous est manipulatrice ?

Amma : Non, en de nombreuses occasions, les gens s'identifient au cœur et à ses nobles sentiments. Lorsque les gens se montrent gentils, pleins de compassion et de considération envers les autres, ils se situent plus dans le cœur que dans le mental. Mais sont-ils toujours capables d'agir ainsi ? Non. Donc, le plus souvent, les gens s'identifient à leur mental. C'est ce qu'Amma voulait dire.

Question : Si la faculté d'être en parfaite harmonie avec les nobles sentiments du cœur est latente en chacun, pourquoi cela ne se produit-il pas plus souvent ?

Amma : Parce que dans ton état actuel, le mental est plus puissant. Pour rester en harmonie avec les nobles sentiments du cœur, il faut que tu renforces le lien avec le silence de ton cœur spirituel et que tu affaiblisses celui qui te relie aux interférences de ton mental bruyant.

Question : Qu'est-ce qui permet d'être spontané et ouvert ?

Amma : Moins d'intervention de l'ego.

Question : Que se passe-t-il quand l'ego intervient moins ?

Amma : Du plus profond de toi-même monte une aspiration intense qui te submerge. Tu as certes préparé le terrain, mais au moment où cela se produit, il n'y a de ta part ni calcul ni effort. L'action ou toute autre chose accomplie alors possède une grande beauté et t'apporte la plénitude. Les autres seront eux aussi très attirés par ce que tu as fait à ce moment-là. En de tels instants, c'est ton cœur qui s'exprime et tu es plus proche de ton être véritable.

En réalité, de tels moments viennent de l'au-delà, au-delà du mental et de l'intellect. Il se produit tout à coup une mise en harmonie avec l'Infini et tu puises à la source de l'énergie universelle.

Les maîtres parfaits demeurent constamment dans cet état de spontanéité et ils y amènent les autres.

La distance qui nous sépare d'Amma

Question : Amma, quelle est la distance qui nous sépare de toi ?

Amma : La distance est à la fois nulle et infinie.

Question : Nulle et infinie ?

Amma : Oui, il n'y a absolument aucune distance entre toi et Amma. Mais en même temps, la distance est infinie.

Dévote : Cela semble contradictoire.

Amma : Ce sont les limites du mental qui engendrent cette contradiction apparente. Il en sera ainsi tant que tu n'auras pas atteint l'état ultime de la réalisation. Aucune explication, aussi intelligente ou logique soit-elle, ne pourra résoudre cette contradiction.

Dévote : Je comprends que mon mental est limité. Pourtant, je ne comprends pas pourquoi les choses devraient être si paradoxales et si ambiguës. Comment l'écart peut-il être à la fois nul et infini ?

Amma : Tout d'abord, ma fille, tu n'as pas vraiment saisi à quel point ton mental est limité. Comprendre réellement la petitesse du mental, c'est comprendre réellement la grandeur de Dieu. Le mental est un lourd fardeau. Une fois que tu auras vraiment compris cela, il te paraîtra absurde de porter ce poids énorme et tu n'en seras plus capable. Cette prise de conscience t'aidera à lâcher le mental.

Ma fille, tant que tu ne connais pas le divin qui demeure en toi, la distance est infinie. Mais à l'instant où l'illumination se produit, tu comprends également qu'il n'y a jamais eu la moindre distance.

Dévote : L'intellect est incapable d'appréhender tout ce processus.

Amma : Ma fille, voilà un bon signe. Au moins, tu reconnais le fait que l'intellect est incapable de saisir ce soi-disant processus.

Question : Cela veut-il dire qu'en réalité, il n'y a aucun processus ?

Amma : Exactement. Un aveugle de naissance, par exemple, que sait-il de la lumière ? Rien. Le pauvre homme ne connaît que les ténèbres, un monde entièrement différent de celui dans lequel vivent ceux qui ont reçu la bénédiction du sens de la vue.

Un médecin lui dit : « Ecoutez, votre cécité est guérissable si vous acceptez de subir une opération. » Si l'aveugle, comme le docteur le lui conseille, opte pour une opération, les ténèbres disparaîtront et la lumière surgira, n'est-ce pas ? Maintenant, d'où vient cette lumière, vient-elle de l'extérieur ? Non, à l'intérieur de l'homme, un sujet à la vision intacte attendait depuis toujours. Ainsi, quand vous corrigez votre vision intérieure grâce aux pratiques spirituelles, la lumière de la pure connaissance, qui se trouvait déjà là, en vous, illumine votre être intérieur.

La façon de faire d'Amma

La façon de faire d'Amma est unique. Les leçons viennent quand on s'y attend le moins et elles ont toujours un parfum exceptionnel.

Au cours du *darshan* du matin, lors de la retraite avec Amma, une participante amena une femme qui n'était pas inscrite. Je remarquai la nouvelle venue et en informai Amma, qui m'ignora complètement et continua à donner son *darshan*.

Je pensai : « Bien, Amma est occupée. Mais je vais cependant garder la fraudeuse à l'œil. »

Au cours des minutes qui suivirent, bien que mon *seva* (service désintéressé) consiste à traduire les questions des dévots à Amma, je choisis comme *seva* subsidiaire d'observer étroitement chaque mouvement de la resquilleuse. Elle restait collée à la dévote qui l'avait amenée et je les suivais des yeux partout où elles allaient, tenant Amma au courant de leurs déplacements. Elle ne m'écoutait pas, mais je considérais qu'il était de mon devoir d'agir ainsi.

Dès que les deux femmes entrèrent dans la queue pour le *darshan* réservée aux « besoins spéciaux », j'en informai Amma avec enthousiasme, mais Elle se contenta de continuer à donner *darshan* aux dévots.

Entre-temps, quelques dévots vinrent me trouver alors que j'étais à côté d'Amma. Montrant la resquilleuse du doigt, l'un d'eux me dit : « Vous voyez cette femme ? Elle est bizarre. Je l'ai entendue tenir des propos très négatifs. Je ne pense pas qu'il soit avisé de la garder dans la salle. »

L'autre dévot ajouta sérieusement : « Demandez à Amma ce qu'il faut faire , s'il faut la faire sortir. »

Après beaucoup d'efforts, je réussis à obtenir l'attention d'Amma. Elle finit par lever la tête en demandant : « Où est-elle ? »

Nous étions tous les trois très heureux car nous pensions (ou du moins je pensais) qu'Amma allait prononcer les trois mots, si doux à nos oreilles, que nous attendions avec impatience : « Mettez-la dehors. »

Entendant Amma demander : « Où est-elle ? », nous avons tous les trois montré du doigt l'endroit où se trouvait la fraudeuse. Amma la regarda. Nous attendions en retenant notre souffle le jugement final. Amma se tourna vers nous et dit : « Appelez-la. » Nous nous sommes presque bousculés pour lui dire de venir.

Dès qu'elle fut près de la chaise de *darshan*, Amma lui tendit les bras et lui dit avec un sourire bienveillant : « Viens, ma fille. » L'inconnue tomba aussitôt dans les bras d'Amma et nous fûmes témoins d'un *darshan* magnifique. Amma mit la tête de la femme sur son épaule et lui caressa doucement le dos. Puis, lui prenant le visage entre ses mains, Amma la regarda profondément dans les yeux. La femme avait les joues baignées de larmes qu'Amma, avec compassion, essuyait de ses propres mains.

Mes deux « collègues » et moi-même, debout derrière la chaise, étions incapables de retenir nos larmes. Inutile de dire que notre humeur s'était complètement adoucie.

Dès que la jeune femme fut partie, Amma me regarda et dit en souriant : « Tu as gaspillé beaucoup d'énergie ce matin. »

Saisi de respect sacré, je regardai la petite forme d'Amma, tandis qu'elle continuait à répandre béatitude et bénédictions sur ses enfants. Je restai coi et une belle parole d'Amma me revint alors à l'esprit : « Amma est comme une rivière. Elle se contente de couler. Certains s'y baignent, d'autres s'y désaltèrent. Certains viennent y nager et profiter de son eau. Et puis il y en a qui crachent dedans. Quoi qu'il arrive, la rivière accepte tout et coule sans en être affectée, embrassant tout ce qui vient à elle.

Ce fut un autre moment étonnant en présence d'Amma, le maître suprême.

Pas besoin de vérité nouvelle

Question : Amma, penses-tu que l'humanité a besoin d'une vérité nouvelle pour s'éveiller ?

Amma : L'humanité n'a pas besoin d'une vérité nouvelle. Ce qui est nécessaire, c'est de voir la Vérité qui existe déjà. Il n'y a qu'une seule vérité, qui brille constamment en chacun de nous. Cette seule et unique vérité ne peut être ni nouvelle ni ancienne. Elle demeure toujours la même, immuable, toujours neuve. Demander une vérité nouvelle, c'est un peu comme si un élève disait à l'institutrice : « Madame, vous nous dites depuis si longtemps que deux et deux font quatre, c'est si vieux. Vous ne pourriez pas nous dire quelque chose de neuf, comme par exemple : « Deux et deux font cinq » au lieu de quatre, pour changer un peu ? On ne peut pas changer la vérité. De tous temps, elle existe et demeure la même.

Ce nouveau millénaire verra se produire un grand éveil spirituel, aussi bien en Orient qu'en Occident. C'est sans aucun doute ce dont notre époque a besoin. La quantité croissante de connaissance scientifique acquise par l'humanité doit nous mener vers Dieu.

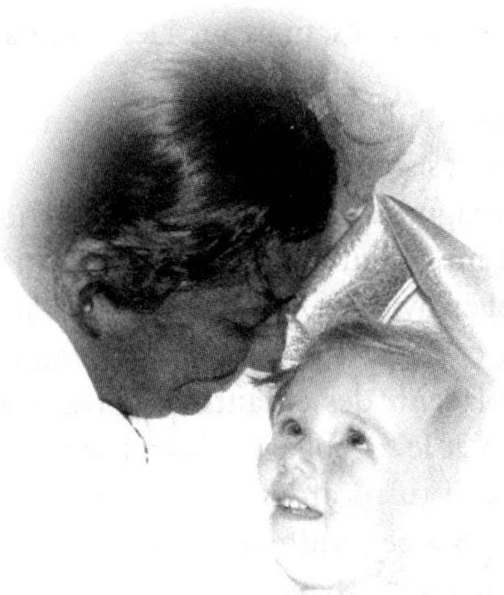

La vérité

Question : Amma, qu'est-ce que la Vérité ?

Amma : La Vérité est ce qui est éternel et immuable.

Question : Est-ce que la fidélité à ce qui est vrai est la Vérité ?

Amma : La fidélité à la vérité est seulement une qualité, elle n'est pas la Vérité en tant que réalité ultime.

Question : Est-ce que cette qualité ne fait pas partie de la Vérité en tant que réalité ultime ?

Amma : Oui, de même que tout fait partie de la Vérité en tant que réalité ultime, la fidélité à la vérité aussi en fait partie.

Question : Si tout fait partie de la réalité ultime, alors non seulement les qualités, mais aussi les défauts en font partie, n'est-ce pas ?

Amma : Oui, mais ma fille, tu es encore sur cette terre, tu n'as pas atteint ces sommets.

Imagine que tu t'apprêtes à prendre l'avion pour la première fois. Tant que tu n'as pas embarqué, tu n'as aucune idée de ce qu'est un vol en avion. Quand tu regardes autour de toi, tu vois des gens parler et crier. Il y a des immeubles, des arbres, des véhicules qui se déplacent, des enfants qui pleurent, etc. Puis tu montes dans l'avion et le décollage a lieu. L'avion monte de plus en plus haut et quand tu regardes vers la terre, tout devient de plus en plus petit, pour se fondre dans l'unité. Finalement, tout disparaît et il ne reste que l'espace infini.

De même, mon enfant, tu es encore sur la terre et tu n'as pas encore embarqué. Il te faut donc accepter les vertus, t'en imprégner et les pratiquer et par contre rejeter les vices. Une fois que tu auras atteint les sommets de la réalisation, tu percevras tout comme Un.

Un conseil en une phrase

Question : Amma, peux-tu me donner un conseil en une phrase qui me permette de trouver la paix intérieure ?

Amma : Une paix permanente ou temporaire ?

Dévot : Permanente, bien sûr.

Amma : Alors : « Trouve ton propre Soi (l'*atman*). »

Dévot : C'est trop difficile à comprendre.

Amma : D'accord. Alors : « Aime tous les êtres. »

Question : S'agit-il de deux réponses différentes ?

Amma : Non, seuls les mots varient. Trouver le Soi et aimer tous les êtres de manière égale, c'est fondamentalement la même chose ; c'est interdépendant. (*En riant*) Mon fils, c'est déjà plus d'une phrase.

Dévot : Désolé, Amma, je suis stupide.

Amma : Pas de problème, ne t'inquiète pas. Mais est-ce que tu veux continuer ?

Dévot : Oui, Amma. Est-ce que la paix, l'amour et le bonheur réels se développent en nous au fur et à mesure que nous faisons de la *sadhana* (des pratiques spirituelles) ? Ou bien n'en sont-ils que le résultat final ?

Amma : Les deux. Toutefois, c'est seulement quand nous redécouvrons le Soi intérieur que le cercle est parfait et qu'apparaît la Paix.

Question : Qu'entends-tu par cercle ?

Amma : Le cercle de notre existence intérieure et extérieure, l'état de perfection.

Question : Mais les Ecritures disent que notre existence est déjà plénitude, qu'il s'agit déjà d'un cercle. Si c'est le cas, comment peut-on parler de le parfaire ?

Amma : Bien sûr, il s'agit d'un cercle parfait. Mais la plupart des gens n'en ont pas conscience. Pour eux, il y a un manque à combler. Et c'est dans l'espoir de le combler que tous les êtres humains courent dans tous les sens, poussés par des besoins, des exigences et des désirs variés.

Dévot : Amma, j'ai entendu dire que dans l'état de réalisation suprême, il n'y a plus rien qui ressemble à une existence intérieure et extérieure.

Amma : Oui, mais seuls ceux qui sont établis dans cet état en font l'expérience.

Question : Une compréhension intellectuelle de cet état m'aidera-t-elle ?

Amma : A quoi ?

Dévot : A avoir un aperçu de cet état.

Amma : Non. Elle ne t'apportera qu'une satisfaction intellectuelle, et cela aussi est éphémère. Tu crois peut-être avoir compris, mais très vite, d'autres doutes et d'autres questions surgissent. Ta compréhension ne se fonde que sur des mots et des explications limités qui ne peuvent pas te donner l'expérience de l'illimité.

Question : Quelle est donc la meilleure voie ?

Amma : Travaille dur jusqu'à ce que se produise en toi l'abandon à Dieu.

Question : Qu'entends-tu par « travaille dur » ?

Amma : Pratiquer *tapas* (des austérités) avec patience. Tu ne pourras demeurer dans le présent que si tu fais *tapas*.

Question : *Tapas*, est-ce que cela consiste à rester continuellement assis pour se livrer à de longues heures de méditation ?

Amma : Cela n'en est qu'une partie. Le fait d'accomplir chaque action et de concrétiser chaque pensée d'une manière qui nous aide à nous unir à Dieu, au Soi, c'est cela le véritable *tapas*.

Question : Qu'est-ce que c'est exactement ?

Amma : C'est ta vie consacrée au but, à la réalisation de Dieu.

Dévot : Je me sens un peu dans la confusion.

Amma (*en souriant*) : Pas un peu, tu es dans une grande confusion.

Dévot : Tu as raison. Mais pourquoi ?

Amma : Parce que tu penses trop à la spiritualité et à l'état qui est au-delà du mental. Arrête de penser et emploie cette énergie à faire ce que tu peux. Cela te donnera l'expérience, ou au moins un aperçu de cette réalité.

La nécessité d'un emploi du temps

Question : Amma, tu dis qu'il nous faut observer une discipline quotidienne, un emploi du temps, et le respecter autant que possible. Mais Amma, je suis mère d'un petit bébé. Que faire si mon enfant pleure alors que je m'apprête à méditer ?

Amma : C'est très simple. Occupe-toi d'abord du bébé et médite ensuite. Si tu choisis de méditer sans prêter attention à l'enfant, c'est sur lui que tu méditeras, au lieu de méditer sur le Soi, sur Dieu.

Au départ, il est certainement bénéfique de suivre un emploi du temps. Par ailleurs, un vrai *sadhak* (chercheur spirituel) doit pratiquer la maîtrise de soi tout le temps, jour et nuit.

Certains ont l'habitude de boire un café au saut du lit. Si, un matin, ils n'ont pas leur café à l'heure, ils ressentent un malaise. Toute leur journée en est peut-être même gâchée, ils ont mal au ventre, sont constipés et ont la migraine. Ainsi, la méditation, la prière et la répétition du mantra devraient faire partie de la vie d'un *sadhak*. Si vous y manquez, vous devriez le ressentir profondément. Alors vous aurez le désir ardent que cela ne se reproduise plus.

L'effort personnel

Question : Amma, certains déclarent que, notre nature réelle étant l'*atman*, il n'est pas nécessaire d'accomplir des pratiques spirituelles. Ils affirment : « Je suis Cela, la Conscience absolue, alors à quoi sert de faire une *sadhana* (des pratiques spirituelles), si je suis déjà Cela ? » Penses-tu que de telles personnes sont dignes de foi ?

Amma : Amma ne veut pas juger si ces gens sont dignes de foi ou pas. Toutefois, Amma a le sentiment qu'ou bien ils font semblant d'être ainsi, ou bien ils sont dans l'illusion la plus totale, ou bien encore ils sont paresseux. Amma se demande s'ils diraient : « Je n'ai pas besoin de manger ni de boire parce que je ne suis pas le corps ».

Imagine qu'on les fasse entrer dans la salle à manger où de nombreux plats sont joliment arrangés sur la table. Mais au lieu du somptueux repas auquel on pourrait s'attendre, il n'y a sur chaque plat que des morceaux de papier sur lesquels sont écrits les mots « riz », « légumes vapeur », « pudding sucré », etc. Seront-ils prêts à imaginer qu'ils ont mangé tout leur content et que leur faim est totalement apaisée ?

L'arbre est latent à l'intérieur de la graine. Mais si la graine, pleine de vanité, se dit : « Je ne veux pas me prosterner devant cette terre. Je suis un arbre. Je n'ai pas besoin de m'enfoncer dans ce terreau sale », si telle est l'attitude de la graine, elle ne germera pas, ne donnera aucune pousse et ne deviendra jamais un arbre qui offre de l'ombre et des fruits. Il ne suffit pas que la graine pense qu'elle est un arbre pour qu'il se passe quelque chose. Elle restera à l'état de graine.

Donc, soyez une graine, mais soyez prêt à tomber sur le sol et à rentrer sous terre. Alors la terre prendra soin de la graine.

La grâce

Question : Amma, la grâce est-elle le facteur décisif ?

Amma : La grâce est le facteur qui amène le résultat juste, au moment juste, à la juste mesure de vos actions.

Question : Même si l'on se consacre totalement à son travail, le résultat dépend-il de la grâce que nous recevons ?

Amma : L'essentiel est de s'y consacrer totalement. Plus vous vous donnez, plus vous demeurez ouvert. Plus vous êtes ouvert, plus vous ressentez l'amour. Plus vous avez d'amour, plus vous recevez de grâce.

La grâce, c'est le fait d'être ouvert. C'est la force spirituelle et la vision intuitive dont vous pouvez faire l'expérience au moment d'agir. Face à une situation donnée, rester ouvert, c'est lâcher l'ego et les idées étriquées. Cela transforme votre mental et en fait un meilleur canal de la *shakti* (l'énergie divine) qui coule alors à travers lui. Ce flot de la *shakti*, le fait qu'elle s'exprime au travers de vos actions, c'est cela, la grâce.

Prenez le cas d'un chanteur. Il s'agit peut-être d'un chanteur prodigieux mais, quand il est sur scène, il doit permettre à la *shakti* de la musique de s'écouler à travers lui. Cela attire la grâce et l'aide à transporter son public.

Question : Où se trouve la source de la grâce ?

Amma : La source réelle de la grâce est à l'intérieur. Mais tant qu'on n'en a pas conscience, elle semble demeurer quelque part au loin, dans l'au-delà.

Question : Dans l'au-delà ?

Amma : L'au-delà signifie l'origine qui, dans votre état de conscience actuelle, vous demeure inconnue. Quand un chanteur chante avec le cœur, il est en contact avec le divin, avec ce qui est au-delà. D'où vient cette musique qui touche l'âme ? Vous répondrez peut-être qu'elle vient de la gorge ou du cœur. Mais si vous regardez à l'intérieur, la verrez-vous ? Non ; donc, elle vient de l'au-delà. Cette source, c'est bien le divin. Une fois que cette prise de conscience ultime se sera produite en vous, vous trouverez cette source à l'intérieur.

Sannyas : au-delà des attributs

Question : Qu'est-ce que cela signifie, être un vrai *sannyasi* ?

Amma : Un vrai *sannyasi* est celui qui a transcendé toutes les limitations créées par le mental. Nous sommes actuellement hypnotisés par le mental. Dans l'état de *sannyas*, nous serons totalement libérés de l'emprise de cette hypnose. Nous nous réveillerons comme si nous sortions d'un rêve, nous serons pareils au rêveur qui s'éveille, à l'alcoolique guéri de son intoxication.

Question : L'état de *sannyas* implique-t-il aussi que l'on ait atteint le Divin ?

Amma : Amma dirait plutôt qu'il s'agit d'un état où l'on est capable de percevoir et de vénérer la création entière comme étant Dieu.

Question : L'humilité est-elle caractéristique d'un *sannyasi* authentique ?

Amma : Il est impossible d'attribuer des qualités aux vrais *sannyasis* car ils se situent au-delà. Si vous affirmez qu'un tel est très simple et humble, il y a quand même « quelqu'un » qui a le sentiment d'être simple et humble. Dans l'état de *sannyas*, ce quelqu'un, qui est l'ego, disparaît. Normalement, l'humilité est le contraire de l'orgueil, l'amour le contraire de la haine. Mais un réel *sannyasi* n'est ni humble ni orgueilleux, il n'est ni amour ni haine. Celui qui est parvenu à l'état de *sannyas* se situe au-delà de tout. Il n'a plus rien à gagner ni à perdre. Lorsque nous qualifions un *sannyasi* authentique d'humble, cela n'implique pas seulement l'absence d'orgueil mais aussi l'absence d'ego.

Quelqu'un demanda un jour à un *mahatma* : « Qui es-tu ? »

- Je ne suis pas, répondit-il.
- Es-tu Dieu ?
- Non, je ne suis pas Dieu.
- Es-tu un saint ou un sage ?
- Non, je ne suis ni un saint ni un sage.
- Es-tu athée ?
- Non, je ne suis pas athée.
- Alors qui es-tu ?
- Je suis ce que je suis. Je suis pure conscience.

Sannyas est l'état de pure conscience.

Jeu divin en plein vol

Scène 1 : L'avion d'Air India à destination de Dubai vient juste de décoller. L'équipage de cabine se prépare à servir des boissons. Soudain, les passagers se lèvent un par un et vont en procession vers la section de l'avion réservée à la « classe affaires ». Les stewards et les hôtesses, stupéfaits, demandent à tout le monde de retourner s'asseoir. Ils ne comprennent pas ce qui se passe. Leurs appels restant sans effet, ils finissent par implorer les passagers de bien vouloir coopérer avec eux jusqu'à ce qu'ils aient fini de servir le repas.

« Nous voulons le *darshan* d'Amma ! » crient les passagers.

« Nous le comprenons bien, répondent les membres de l'équipe, mais nous vous prions de bien vouloir être patients et de nous laisser d'abord terminer le service. »

Les passagers finissent par accéder à la requête des membres de l'équipage et retournent s'asseoir.

Scène 2 : Le service repas est terminé. Les hôtesses et les stewards se transforment provisoirement en moniteurs de *darshan* et contrôlent la queue qui se déplace lentement vers le siège d'Amma. Vu le caractère improvisé du *darshan*, il n'a pas été possible de distribuer des tickets. En dépit de cette difficulté, l'équipage de cabine fait du bon travail.

Scène 3 : Ayant reçu le *darshan* d'Amma, les passagers semblent maintenant très heureux et détendus. Ils s'installent dans leur siège respectif. C'est maintenant au tour de l'équipage au complet, y compris le pilote et le co-pilote, de faire la queue pour avoir le *darshan* car bien sûr, ils attendaient simplement leur tour. Chacun reçoit l'étreinte maternelle d'Amma qui leur murmure à l'oreille des paroles pleines de grâce et de compassion, leur offre un sourire radieux, inoubliable, et leur donne un bonbon en guise de *prasad* (cadeau béni).

Scène 4 : La scène se reproduit lors du vol de retour.

La sympathie et la compassion

Question : Amma, qu'est-ce que la véritable compassion ?

Amma : La véritable compassion, c'est la faculté de voir et de connaître ce qui est au-delà. Seuls ceux qui sont capables de voir au-delà peuvent apporter une aide réelle et élever la conscience d'autrui.

Question : Au-delà de quoi ?

Amma : Au-delà du corps et du mental, au-delà de l'apparence extérieure.

Question : Alors, Amma, quelle est la différence entre la sympathie et la compassion ?

Amma : La compassion, c'est l'aide réelle que l'on reçoit d'un maître authentique. Le maître voit au-delà. Tandis que la sympathie, c'est l'aide temporaire que vous recevez de votre entourage. Et la sympathie ne peut pas aller en profondeur sous la surface ni aller au-delà. La compassion est la compréhension juste jointe à une connaissance plus profonde de la personne, de la situation et de ce dont elle a vraiment besoin. La sympathie est plus superficielle.

Question : Comment les distinguer ?

Amma : C'est difficile. Mais Amma va te donner un exemple. Il arrive souvent qu'un chirurgien demande à ses malades de se lever dès le deuxième ou le troisième jour qui suit une opération, même importante. Si le malade est récalcitrant, un bon médecin, qui connaît les conséquences fâcheuses d'une immobilisation prolongée, arrivera toujours à faire sortir le patient du lit et à le faire marcher. La famille du malade, qui le voit souffrir et lutter, dira peut-être : « Que le médecin est cruel ! Pourquoi le force-t-il à marcher alors qu'il ne veut pas ? Vraiment, il exagère ! »

Dans cet exemple, on peut considérer que la famille fait preuve de sympathie et le médecin de compassion. Dans ce cas, qui aide réellement le malade, le médecin ou sa famille ? Si le patient se dit : « Ce docteur n'est bon à rien. Après tout, qui est-il pour me donner des instructions ? Que sait-il de moi ? Il peut bien s'égosiller s'il le veut, je ne l'écouterai pas. » Une telle attitude n'aide jamais le malade.

Question : La sympathie peut-elle nuire à quelqu'un ?

Amma : Si nous ne faisons pas attention et offrons notre sympathie sans comprendre les aspects subtils d'une situation donnée et le tempérament de la personne, cela peut s'avérer nuisible. Il est dangereux d'accorder trop d'importance à des paroles de sympathie. Cela peut même devenir une obsession chez la personne et détruire peu à peu sa faculté de discernement en tissant autour d'elle une sorte de petit cocon. Comme elle se sent réconfortée, elle ne fera peut-être jamais aucun effort pour sortir de la situation. Sans en avoir conscience, elle risque de s'enfoncer de plus en plus dans les ténèbres.

Question : Amma, qu'entends-tu par le mot « cocon » ?

Amma : Amma veut dire que l'on perd la capacité de regarder profondément en soi, de voir ce qui s'y passe réellement. On accorde alors trop d'importance aux paroles d'autrui, on fait confiance aveuglément sans utiliser correctement la faculté de discerner.

La sympathie est un amour superficiel qui ignore totalement la racine du problème. Tandis que la compassion est un amour qui voit la source réelle du problème et le traite de manière appropriée.

L'amour vrai ne connaît pas la peur

Question : Amma, qu'est-ce que l'amour vrai ?

Amma : L'amour vrai est l'état d'où la peur est totalement absente. La peur fait partie intégrante du mental. C'est pourquoi la peur et l'amour vrai ne peuvent pas coexister. A mesure que l'amour devient plus profond, l'intensité de la peur décroît peu à peu.

La peur ne peut exister que tant qu'on est identifié au corps et au mental. Transcender les faiblesses du mental et vivre dans l'amour, c'est être un avec le Divin. Plus nous avons d'amour, plus le Divin se manifeste en nous ; moins nous avons d'amour, plus notre peur est grande et plus nous nous éloignons du centre de la vie. L'absence de peur est sans conteste une des plus grandes qualités de celui qui aime véritablement.

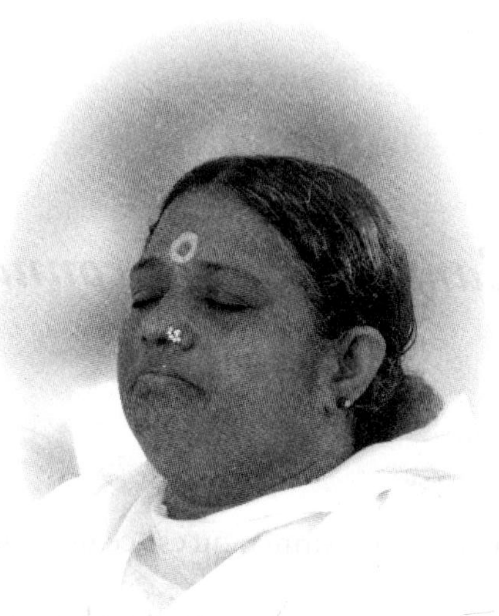

Prescriptions et proscriptions

Question : Amma, dans la vie spirituelle, il est considéré comme important de cultiver la pureté et les autres valeurs morales. Certains *gurus* du *New Age* (Nouvel Age) nient cependant cet impératif. Amma, quelle est ton opinion à ce sujet ?

Amma : Il est absolument vrai que les valeurs morales jouent un rôle significatif dans la vie spirituelle. Chaque voie, qu'elle soit spirituelle ou profane, comporte un certain nombre de prescriptions et de proscriptions. A moins de suivre les conditions prescrites, il est difficile d'atteindre le résultat désiré. Plus le fruit ultime est subtil, plus la voie à suivre est intense. La réalisation spirituelle est la plus subtile de toutes les expériences, les règles prescrites sont donc rigoureuses.

Un malade ne peut pas manger et boire ce qu'il veut. Il doit tenir compte de la maladie dont il souffre, suivre un régime et limiter ses déplacements. S'il ne se soumet pas aux prescriptions du médecin, cela peut retarder le processus de guérison ou même aggraver son état. Est-ce sage de sa part de demander : « Est-il vraiment nécessaire que je respecte ces règles ? » Certains musiciens s'exercent dix-huit heures par jour afin d'atteindre la maîtrise parfaite de leur instrument. Quel que soit le domaine qui t'intéresse, qu'il s'agisse de spiritualité, de sciences, de politique, de sport ou d'art, ta réussite et ta progression dépendent entièrement de la manière dont tu l'abordes, du temps que tu consacres sincèrement à te rapprocher de ton but et de la mesure dans laquelle tu te plies aux exigences fondamentales de cette discipline.

Question : La qualité fondamentale nécessaire pour atteindre le but spirituel est donc la pureté ?

Amma : Ce peut être la pureté ou encore l'amour, la compassion, le pardon, la patience ou la persévérance. Choisis une vertu et cultive-la avec une foi et un optimisme absolus et les autres vertus en découleront automatiquement. Le but, c'est de transcender les limites du mental.

Amma, une offrande au monde

Question : Amma, qu'attends-tu de tes disciples ?

Amma : Amma n'attend rien de personne. Amma s'est offerte au monde. Lorsqu'on est devenu une offrande, comment peut-on attendre quoi que ce soit de qui que ce soit ? Toutes les attentes viennent de l'ego.

Question : Mais Amma, tu parles beaucoup d'abandon au *guru*. Ne s'agit-il pas là d'une attente ?

Amma : C'est vrai, Amma en parle, mais ce n'est pas parce qu'elle attend l'abandon de soi de la part de ses enfants. C'est que l'abandon de soi est le point crucial de la vie spirituelle. Le *guru* donne tout ce qu'il a au disciple. Un *satguru* (un maître parfait) étant une âme totalement donnée à Dieu, c'est cela que, par sa présence, il offre et enseigne aux disciples. Cela se produit spontanément. Selon son degré de maturité et de compréhension, le disciple accepte ou rejette cet enseignement. Quelle que soit l'attitude du disciple, un *satguru* continue à donner. Il lui est impossible d'agir autrement.

Question : Q'arrive-t-il quand un disciple s'abandonne à un *satguru* ?

Amma : Comme une lampe que l'on allume à partir de la lampe principale, le disciple devient alors lui aussi une lumière qui guide le monde. Il devient aussi un maître.

Question : Qu'est-ce qui contribue le plus à ce processus ? Le maître extérieur ou son aspect sans-forme ?

Amma : Les deux. La conscience sans forme inspire le disciple au travers de la forme du *satguru* en tant qu'amour pur, compassion et abandon de soi.

Question : Le disciple s'abandonne-t-il au maître extérieur ou à la conscience sans forme ?

Amma : Au début, c'est à la forme physique que le disciple s'abandonne, et à la fin c'est à la conscience sans forme, quand il réalise son véritable Soi. Même au début de la *sadhana* (pratiques spirituelles), quand le disciple s'abandonne au maître extérieur, c'est en réalité à la conscience sans forme qu'il s'abandonne, simplement il n'en a pas conscience.

Question : Pourquoi ?

Amma : Parce que les disciples ne connaissent que le corps, la conscience leur est complètement inconnue.

Un vrai disciple continuera toujours à vénérer la forme du *guru*, exprimant ainsi sa gratitude envers le maître qui a répandu sa grâce sur lui et lui a montré la voie.

La forme extérieure du satguru

Question : Peux-tu expliquer d'une manière simple la nature de la forme physique d'un *satguru* ?

Amma : Un *satguru* est à la fois avec et sans forme, comme le chocolat. Au moment où tu mets le chocolat dans la bouche, il fond et devient sans forme ; il fait partie de toi. De même, si tu assimiles vraiment les enseignements du maître et s'ils font partie de ta vie, tu réaliseras que le maître est la conscience suprême sans forme.

Question : Alors nous devrions dévorer Amma ?

Amma : Oui, mange Amma si tu peux. Elle est tout à fait prête à devenir de la nourriture pour ton âme.

Dévot : Amma, merci pour l'exemple du chocolat. Cela me permet de comprendre facilement parce que j'aime beaucoup le chocolat.

Amma (*en riant*) : Mais ne tombe pas amoureux du chocolat, parce que c'est mauvais pour la santé.

Les disciples parfaits

Question : Que gagne-t-on à devenir un disciple parfait ?

Amma : On devient un maître parfait.

Question : Comment te définirais-tu ?

Amma : Sûrement pas comme étant quelque chose.

Question : Alors comme quoi ?

Amma : Comme rien.

Question : Cela veut-il dire que tu es toute chose ?

Amma : Cela signifie qu'Amma est toujours présente et disponible pour tous.

Question : « Tous », cela signifie-t-il tous ceux qui viennent à toi ?

Amma : « Tous », cela signifie tous ceux qui sont ouverts.

Question : Cela veut-il dire qu'Amma n'est pas disponible pour ceux qui ne sont pas ouverts ?

Amma : La présence physique d'Amma est accessible à tous, qu'ils l'acceptent ou pas. Mais seuls ceux qui sont ouverts peuvent vraiment en faire l'expérience. La fleur est là, mais pour en percevoir la beauté et le parfum, il faut être ouvert. Celui qui a le nez bouché ne sent rien. De même, ceux dont le cœur est fermé ne peuvent pas faire l'expérience de ce qu'Amma leur offre.

Le Védanta et la création

Question : Amma, il existe différentes théories au sujet de la création et elles s'opposent. Ceux qui suivent la voie de la dévotion disent que Dieu a créé le monde, tandis que les adeptes du Védanta (la philosophie de la non-dualité) sont d'avis que tout est création du mental, et donc n'apparaît qu'aussi longtemps que le mental existe. Lequel de ces points de vue est correct ?

Amma : Les deux sont corrects. Alors qu'un dévot considère le Seigneur comme le créateur du monde, l'adepte du Védanta considère que Brahman est le principe fondamental, substrat de ce monde changeant. Pour l'adepte du Védanta, le monde est une projection du mental, tandis que pour le dévot, il s'agit de la *lila* (jeu divin) de son Seigneur bien-aimé. En apparence, il s'agit de deux perspectives entièrement différentes, mais en approfondissant, vous découvrirez qu'il s'agit fondamentalement de la même chose.

Les noms et les formes sont associés au mental. Quand le mental cesse d'exister, ils disparaissent également. Le monde ou la création, est constitué de noms et de formes. Un Dieu ou un créateur n'a pas de sens sans création. Même Dieu a un nom et une forme. Il faut bien que le monde des noms et des formes ait une cause. C'est cette cause que nous appelons Dieu.

Le véritable Védanta est la forme suprême de la connaissance. Par Védanta, Amma n'entend pas les textes des Ecritures ou les discours des soi-disant adeptes du Védanta. Amma désigne par ce terme l'expérience suprême, une certaine manière de vivre, la sérénité face à toutes les situations de la vie.

Ce n'est cependant pas facile. Sans une transformation préalable, cette expérience ne se produira pas. C'est ce changement révolutionnaire au niveau intellectuel et émotionnel qui rend le mental subtil, ouvert, vaste et puissant. Plus le mental s'ouvre, devient subtil et vaste, plus il devient « non-mental ». Peu à peu, il disparaît. Quand il n'y a plus de mental, où est Dieu ? Où est le monde, où est la création ? Toutefois, cela ne signifie pas que le monde disparaîtra de votre vue ; il se produira une transformation et vous verrez l'Un dans le multiple.

Question : Cela signifie-t-il aussi que dans cet état, Dieu est Lui aussi une illusion ?

Amma : Oui, du point de vue ultime, Dieu avec forme est une illusion. Tout dépend néanmoins de la profondeur de notre expérience intérieure. L'attitude des soi-disant adeptes du Védanta qui proclament avec arrogance que les formes des dieux et des déesses sont sans importance, est toutefois incorrecte. Rappelez-vous que, dans cette voie, l'ego n'aide jamais à progresser ; l'humilité seule nous permet d'avancer.

Question : Je comprends bien cela. Mais Amma, tu affirmes également que, du point de vue ultime, Dieu avec forme est une illusion. Veux-tu dire que les différentes formes des dieux et des déesses ne sont que des projections du mental ?

Amma : En définitive, c'est bien ce qu'elles sont. Rien de ce qui périt n'est réel. Toutes les formes, même celles des dieux et des déesses, ont un commencement et une fin. Tout ce qui naît et meurt est mental, associé au processus de la pensée. Et tout ce qui est lié au mental change forcément, parce que son existence se situe dans le temps. La seule vérité immuable est ce qui demeure éternellement, le substrat du mental et de l'intellect. C'est l'*atman* (le Soi), l'état ultime de l'existence.

Question : Si même les formes des dieux et des déesses sont irréelles, à quoi bon les vénérer et construire des temples ?

Amma : Tu ne comprends pas. Tu ne peux pas rejeter d'un trait les dieux et les déesses. Pour ceux qui sont encore identifiés au mental, qui n'ont pas encore atteint l'état suprême, ces formes sont tout à fait réelles et nécessaires à leur croissance spirituelle. Elles les aident énormément.

Le gouvernement d'un pays est constitué de plusieurs ministères et sections administratives. Du président ou du premier ministre jusqu'au bas de la hiérarchie, il y a un certain nombre de ministres qui commandent des secrétaires et des fonctionnaires, de nombreux employés jusqu'au simple gardien et balayeur.

Imagine que tu aies une démarche administrative à faire. Si tu connais le président ou le premier ministre, tu t'adresseras directement à eux. Cela te facilitera bien les choses. Ton besoin, quel qu'il soit, sera immédiatement satisfait. Mais la majorité des gens n'ont pas de contact direct ni de relations influentes.

Pour faire avancer leur démarche ou pour accéder aux autorités supérieures, ils doivent suivre la voie normale, c'est-à-dire s'adresser à des fonctionnaires subalternes ou au service concerné, parfois même commencer par un simple gardien. Ainsi, tant que nous nous trouvons sur le plan physique de l'existence et que nous sommes identifiés au mental et à ses schémas de pensée, nous devons accepter et reconnaître les différentes formes du Divin, jusqu'à ce que nous établissions un lien direct avec la source intérieure de pure énergie.

Question : Mais les partisans du Védanta ne sont généralement pas d'accord avec cette perspective.

Amma : Qui désignes-tu ainsi ? Les rats de bibliothèque qui dévorent les livres et répètent les Ecritures comme des perroquets bien entraînés ou des magnétophones ne seront peut-être pas d'accord. Mais un véritable adepte du Védanta acceptera sans nul doute ce point de vue. Celui qui n'accepte ni le monde ni la voie de la dévotion n'est pas un vrai représentant de cette philosophie. Le véritable Védanta consiste à accepter le monde et à en reconnaître la multiplicité tout en y voyant la Vérité unique commune.

Un partisan du Védanta qui considère la voie de l'amour comme inférieure n'est ni un tenant du Védanta ni un chercheur spirituel authentique. Un vrai fidèle du Védanta ne peut faire ses pratiques spirituelles sans amour.

La forme t'emmènera au sans forme à condition que tu accomplisses tes pratiques spirituelles avec l'attitude juste. *Saguna* (la forme) est la manifestation de *nirguna* (le sans-forme). Si l'on ne comprend pas ce principe très simple, à quoi bon se réclamer du Védanta ?

Question : Amma, tu dis qu'un dévot perçoit le monde comme la *lila* de Dieu. Que signifie *lila* ?

Amma : C'est en un mot la définition du détachement suprême. L'état ultime de *sakshi* (témoin), dans lequel on n'exerce aucune forme d'autorité, voilà ce qu'on appelle *lila*. Comment celui qui a transcendé toute identification au mental et à ses différentes projections peut-il éprouver le moindre attachement ou sentiment d'autorité ? Observer tout ce qui arrive à l'intérieur et à l'extérieur sans s'y impliquer est très amusant, c'est du très bon théâtre.

Question : Nous avons entendu dire que si tu as cessé de manifester le Krishna *Bhava**, c'est que tu étais alors dans cet état de *lila*.

Amma : C'est une des raisons. Krishna était détaché. Il participait activement à tout, mais en restant totalement détaché. Intérieurement, il se distançait de tout ce qui se déroulait autour de lui. Tel est le sens du sourire plein de béatitude qui ne quittait jamais son beau visage.

Pendant le Krishna *Bhava*, Amma écoutait certes les problèmes des dévots mais elle gardait envers eux une attitude plus ludique et détachée. Dans cet état, il n'y avait ni amour ni absence d'amour, ni compassion ni absence de compassion.

L'affection maternelle et l'attachement qui sont nécessaires pour prendre en considération les sentiments des dévots et exprimer une sollicitude profonde n'étaient pas manifestés. Il s'agissait d'un état transcendantal. Amma a pensé que cela n'aiderait pas beaucoup les dévots. Elle a donc décidé d'aimer et de servir ses enfants comme une mère.

---

*Amma manifestait au départ Krishna *Bhava* et Dévi *Bhava* mais elle a arrêté le Krishna Bhava en 1983.

« *Es-tu heureux ?* »

Question : Amma, je t'ai entendue demander aux gens qui viennent au *darshan* : « Es-tu heureux ? » Pourquoi leur poses-tu cette question ?

Amma : C'est comme une invitation à être heureux. Si tu es heureux, tu es ouvert et alors l'amour de Dieu, la *shakti* (l'énergie divine) peut s'écouler en toi. En fait, Amma dit à quelqu'un d'être heureux pour que la *shakti* de Dieu puisse entrer en lui. Celui qui est heureux, ouvert et réceptif, accède à un bonheur qui ne cesse de grandir. Celui qui est malheureux est fermé et perd tout. Qui est ouvert est heureux. Cet état attire Dieu, si bien qu'Il vient demeurer en nous. Ensuite, nous ne pouvons plus qu'être heureux.

Un exemple remarquable

Le jour où nous sommes arrivés à Santa Fé, il bruinait. « C'est chaque année la même chose à Santa Fé : après une longue sécheresse, il pleut à l'arrivée d'Amma. » dit l'hôte d'Amma au Centre Amma du Nouveau Mexique.

Il faisait nuit lorsque nous arrivâmes à la maison. Amma mit un peu de temps à sortir de la voiture. Dès qu'elle posa le pied par terre, notre hôte lui présenta ses chaussures. Puis il se tourna vers l'avant de la voiture, espérant conduire Amma dans la maison.

Amma fit quelques pas dans cette direction, puis fit soudain demi-tour en disant : « Non, Amma n'aime pas passer devant l'avant de la voiture. C'est le visage de la voiture ; on lui manque de respect en agissant ainsi et Amma n'en a pas envie. » Elle fit alors le tour et passa derrière la voiture pour entrer dans la maison. Ce n'est pas la première fois qu'Amma se comporte ainsi. Chaque fois qu'elle sort d'une voiture, elle agit ainsi.

Il n'y a pas de meilleur exemple de la manière dont le cœur d'Amma s'élance vers toute chose, même les objets inanimés.

Les relations amoureuses

La personne qui était en train de recevoir le darshan tourna la tête vers moi et dit : « S'il vous plaît, demandez à Amma si je peux arrêter de sortir avec des filles et de m'impliquer dans des histoires de cœur. »

Amma (*souriant d'un air malicieux*) : Qu'est-il arrivé ? Est-ce que ta petite amie est partie avec quelqu'un d'autre ?

Dévot (*l'air surpris*) : Comment le sais-tu ?

Amma : Facile. C'est dans ces moments-là qu'on a ce genre de pensées.

Dévot : Amma, je suis jaloux de l'amitié qu'elle entretient avec son ex-petit ami.

Amma : Est-ce que c'est la raison pour laquelle tu veux arrêter de sortir avec des filles et d'avoir des relations amoureuses ?

Dévot : J'en ai vraiment assez. Je revis toujours des expériences identiques, c'est frustrant. Ça suffit. Maintenant, je veux avoir la paix et me concentrer sur mes pratiques spirituelles.

Amma n'a rien demandé de plus. Elle a continué à donner le darshan. Au bout d'un moment, le garçon m'a dit : « Je me demande si Amma a un conseil pour moi. » Amma l'a entendu qui me parlait.

Amma : Mon fils, Amma pensait que tu avais déjà décidé ce que tu devais faire. N'as-tu pas dit que tu en avais assez de tout cela ? A partir de maintenant, tu veux mener une vie paisible et te concentrer sur tes pratiques spirituelles, n'est-ce pas ? C'est la bonne solution, semble-t-il. Alors vas-y, fais-le.

Le dévot garda un moment le silence, mais il paraissait agité. Amma lui lança un regard furtif. Au-delà du regard et du sourire, je pouvais deviner le grand maître en Amma tenant le bâton légendaire qui lui sert à baratter, prête à faire remonter quelque chose à la surface.

Dévot : Cela signifie qu'Amma n'a rien à me dire, n'est-ce pas ?

Le pauvre garçon se mit soudain à pleurer.

Amma (*essuyant ses larmes*) : Allez, mon garçon, quel est le vrai problème ? Ouvre ton cœur et dis-le à Amma.

Dévot : Amma, il y a un an que je l'ai rencontrée, lors d'un des programmes d'Amma. Quand nos regards se sont croisés, nous avons su aussitôt que nous étions faits l'un pour l'autre. C'est ainsi que tout a commencé. Et voilà que tout à coup ce type, son ancien copain, est venu se mettre entre nous. Elle dit qu'il n'est qu'un ami, mais il y a des situations où j'en doute fortement.

Amma : Q'est-ce qui te donne cette impression, alors qu'elle t'a dit le contraire ?

Dévot : Voilà maintenant la situation : nous sommes tous les deux ici pour assister au programme d'Amma, son ancien copain et moi-même. Elle passe plus de temps avec lui qu'avec moi. Je suis bouleversé. Je ne sais pas quoi faire. Ça me déprime et il m'est devenu difficile de rester concentré sur Amma, alors que c'est la raison de ma venue ici. Mes méditations n'ont plus la même intensité et j'en perds même le sommeil.

Amma (*en plaisantant*) : Tu sais quoi ? Il doit chanter ses louanges en disant : « Ma chérie, tu es la plus belle femme du monde. Et depuis que je t'ai rencontrée, je ne peux plus penser à aucune autre femme. » Il exprime peut-être plus son amour pour elle, il la laisse parler et se tait, même s'il lui arrive de se sentir provoqué. Et par-dessus tout, il doit lui acheter beaucoup de chocolat ! Alors que toi en comparaison, tu lui fais l'effet d'un tyran qui ne cesse de lui chercher querelle, de se battre avec elle, etc.

Ces paroles firent rire de bon cœur le garçon et les autres dévots qui entouraient Amma. Il eut toutefois l'honnêteté d'avouer à Amma qu'il ressemblait bien, en gros, au portrait qu'Amma avait fait de lui.

Amma (*en lui tapotant le dos*) : Est-ce que tu ressens beaucoup de colère et de haine envers elle ?

Dévot : Oui. Mais c'est surtout contre lui que je suis en colère. Cela provoque en moi une grande agitation mentale !

Amma lui toucha la paume de la main ; elle était très chaude.

Amma : Où est-elle maintenant ?

Dévot : Quelque part par là.

Amma : (*en anglais*) : *Go talk* (Va lui parler).

Dévot : Maintenant ?

Amma : (*en anglais*) *Yes, now* (Oui, maintenant).

Dévot : Je ne sais pas où elle est.

Amma : (*en anglais*) *Go look* (Cherche-la).

Dévot : Oui, j'irai. Mais il faut d'abord que je le trouve, lui, parce que c'est avec lui qu'elle est. Bon, enfin, dis-moi maintenant Amma : dois-je continuer cette relation ou bien y mettre fin ? Crois-tu que cette relation peut redevenir harmonieuse ?

Amma : Mon garçon, Amma sait que tu lui es encore attaché. L'essentiel, c'est que tu arrives à te convaincre que ce sentiment, que tu appelles amour, n'est pas de l'amour mais de l'attachement. Seule cette conviction t'aidera à sortir de l'agitation mentale dans laquelle tu te trouves pour l'instant. Que tu réussisses ou que tu échoues à renouer avec elle, si tu ne parviens pas à discerner clairement entre l'attachement et l'amour, tu continueras à souffrir.

Amma va te raconter une histoire. Un haut fonctionnaire vint un jour visiter un asile psychiatrique. Le médecin l'emmena faire le tour de l'établissement. Dans une des chambres, il trouva un malade qui répétait : « Poumpoum.... Poumpoum.... Poumpoum », en se balançant d'avant en arrière sur une chaise. Le dignitaire s'enquit de la cause de sa maladie et demanda au médecin s'il y avait un lien entre ce nom et la maladie.

Le docteur répondit : « C'est une histoire bien triste. Poumpoum, c'est la fille qu'il aimait. Elle l'a laissé tomber pour partir avec un autre et cela l'a rendu fou.

« Le pauvre », dit le visiteur, puis il continua son chemin. Mais à sa grande surprise, il découvrit que dans la chambre suivante il y avait un autre malade qui répétait : « Poumpoum.... Poumpoum.... Poumpoum », en se tapant la tête contre le mur. Stupéfait, le visiteur demanda : « Mais qu'est-ce qui se passe ! Pourquoi ce malade répète-t-il le même nom ? Y a-t-il un lien entre les deux ? »

« Eh bien oui, cet homme est celui qui a fini par épouser Poumpoum. »

Le garçon éclata de rire.

Amma : Ecoute, mon fils, l'amour est pareil à une fleur qui s'épanouit. On ne peut pas la forcer à s'ouvrir. Si tu le fais de force, tu détruis sa beauté et son parfum. Ni toi, ni personne n'en bénéficiera. Laisse-la au contraire s'épanouir d'elle-même, naturellement, et tu jouiras de son doux parfum et de sa couleur. Sois donc patient et observe-toi. Sois comme un miroir, essaye de voir où tu as fait une erreur et pourquoi.

Dévot : Je pense que ma jalousie et ma colère ne disparaîtront que si j'épouse Dieu.

Amma : Oui, tu l'as dit. Epouse Dieu. Seule l'union avec la vérité spirituelle te permettra de transcender tout cela et de trouver la paix et la joie véritables.

Dévot : M'aideras-tu dans ce processus ?

Amma : L'aide d'Amma est toujours disponible. Il suffit de la voir et d'en profiter.

Dévot : Merci infiniment, Amma. Tu m'as déjà bien aidé.

Que fait un vrai maître ?

Question : Amma, que fait un *satguru* (un vrai maître) pour son disciple ?

Amma : Un *satguru* aide le disciple à voir ses faiblesses.

Question : En quoi cela aide-t-il le disciple ?

Amma : Voir réellement signifie prendre conscience et accepter. Une fois que le disciple accepte ses faiblesses, il lui est plus facile de les surmonter.

Question : Amma, quand tu parles de « faiblesses », il s'agit bien de l'ego ?

Amma : La colère est une faiblesse ; la jalousie est une faiblesse ; la haine, l'égoïsme et la peur sont aussi des faiblesses. Oui, la racine de toutes ces faiblesses est l'ego. Le mental avec toutes ses limitations et ses faiblesses, voilà ce qu'on appelle l'ego.

Dévot : Donc, au fond, tu dis que la tâche du *satguru* est de travailler sur l'ego du disciple.

Amma : La tâche du *satguru* est d'aider le disciple à prendre conscience de l'insignifiance du phénomène nommé ego. L'ego est comparable à la flamme qui brûle dans une petite lampe à huile en terre cuite.

Question : Pourquoi est-il si important de comprendre l'insignifiance de l'ego ?

Amma : Parce que l'ego n'a rien de nouveau ni de remarquable. Quand on peut profiter de la lumière du soleil, pourquoi se soucier de cette petite flamme qui peut s'éteindre à tout moment ?

Question : Amma, pourrais-tu développer un peu ce point ?

Amma : Tu es le Tout, le Divin. Comparé à cela, l'ego n'est qu'une petite flamme. Donc d'un côté, le *satguru* enlève l'ego. De l'autre, il confère au disciple la Totalité. Ce mendiant que tu étais, le Maître l'élève et en fait un empereur, empereur de l'univers. Toi qui ne savais que recevoir, grâce au *satguru*, tu deviens un être qui donne, qui donne tout à ceux qui l'approchent.

Les actes d'un mahatma

Question : Est-il vrai que tout ce que fait un *mahatma* a un sens ?

Amma : Mieux vaut dire que toute action accomplie par une âme réalisée recèle un message divin, un message qui transmet les principes essentiels de la vie. Même ceux de leurs actes qui n'ont en apparence aucun sens contiennent un tel message.

Il était une fois un *mahatma* dont le seul travail était de rouler de gros rochers au sommet d'une montagne. Jusqu'à sa mort, ce fut le seul travail qu'il fit, sans jamais se plaindre, sans jamais le trouver ennuyeux. Il lui fallait parfois des heures, voire des jours, avant de parvenir, tout seul, à monter un rocher jusqu'au sommet de la montagne. Et une fois qu'il avait réussi, il le faisait descendre en roulant jusqu'en bas. Regardant le rocher dévaler du sommet jusqu'au pied de la montagne, le *mahatma* applaudissait et éclatait de rire comme un petit enfant.

Dans n'importe quel domaine, il faut beaucoup de courage et d'énergie pour progresser mais il suffit d'un instant pour anéantir tout ce que nous avons acquis grâce à un dur labeur. Ceci est également vrai des vertus que nous pouvons cultiver. En outre, cette grande âme n'était absolument pas attachée à l'effort réel qu'il lui fallait fournir pour monter le rocher jusqu'au sommet de la montagne. C'est pourquoi il pouvait rire comme un enfant : le rire du détachement suprême. Voilà sans doute les leçons qu'il souhaitait enseigner à tous.

Il se peut que les gens interprètent et jugent les actes d'un *mahatma*. C'est uniquement parce que leur mental n'est pas assez subtil pour aller sous la surface, en profondeur. Les gens ont des attentes, mais un vrai *mahatma* ne peut pas combler les attentes de qui que ce soit.

Les étreintes d'Amma éveillent

Question : Si quelqu'un venait te dire qu'il peut faire la même chose que toi, c'est-à-dire prendre les gens dans ses bras, que répondrais-tu ?

Amma : Ce serait merveilleux. Le monde a grand besoin de cœurs remplis de compassion. Amma serait heureuse que quelqu'un d'autre envisage de servir l'humanité en embrassant les gens avec un amour et une compassion véritables, choisissant cela comme son *dharma* (devoir) car une seule Amma ne peut pas physiquement embrasser tout le genre humain. Quoi qu'il en soit, une vraie mère ne parlera jamais du sacrifice qu'elle fait pour ses enfants.

Question : Que se passe-t-il quand tu prends les gens dans tes bras ?

Amma : Quand Amma embrasse les gens, il ne s'agit pas seulement d'un contact physique. L'amour qu'Amma éprouve pour toute la création s'écoule vers chaque personne qui vient à elle. Cette pure vibration d'amour purifie les gens, les aide à s'éveiller intérieurement et à grandir spirituellement.

Dans le monde actuel, hommes et femmes ont besoin d'éveiller leur qualités maternelles. Les étreintes d'Amma aident les gens à prendre conscience de ce besoin universel.

L'amour est le seul langage que tout être vivant peut comprendre. C'est un langage universel. L'amour, la paix, la méditation et *moksha* (la libération), tout cela est universel.

Comment transformer le monde en Dieu

Question : En tant que père de famille, j'ai de nombreuses responsabilités et beaucoup d'obligations. Quelle attitude dois-je adopter ?

Amma : Que tu sois père de famille ou moine, l'essentiel est la manière dont tu considères la vie et réfléchis aux expériences qu'elle t'apporte. Si ton attitude est positive, si ta tendance est d'accepter, tu vivras avec Dieu bien que tu sois dans le monde. Alors le monde devient Dieu et tu perçois à chaque instant la présence de Dieu. Mais une attitude négative donnera le résultat opposé : tu choisis alors de vivre avec le diable. Connaître le mental (*manas*) et ses tendances inférieures tout en s'efforçant constamment de les transcender, voilà sur quoi un *sadhak* (chercheur spirituel) sincère doit se concentrer.

On demanda un jour à un *mahatma* : « O Très Saint, êtes vous sûr d'aller au paradis quand vous mourrez ? »

Il répondit : « Oui, bien sûr. »

« Mais qu'en savez-vous ? Vous n'êtes pas mort et vous ne connaissez pas les plans de Dieu ? »

« Ecoutez, c'est vrai, je ne connais pas les plans de Dieu, mais je connais mon mental. Je suis toujours heureux, où que je sois ; donc même si je vais en enfer, je serai heureux et en paix. » répondit le *mahatma*.

Ce bonheur et cette paix sont en vérité le paradis. Tout dépend du mental.

La puissance des paroles d'Amma

Voici une expérience qui m'est arrivée non pas une fois, mais des centaines de fois. Quelqu'un me pose une question ou me soumet un problème grave. Je m'efforce de répondre à la question et de résoudre le problème de manière claire et logique. Puis cette personne prend congé ; apparemment satisfaite de la solution proposée, elle me remercie et exprime sincèrement sa gratitude ; je la regarde s'en aller avec un brin de fierté. Mais voilà que, peu de temps après, je vois la personne aller trouver un autre *swami* pour lui poser la même question, ce qui indique clairement que mon conseil ne l'a pas satisfaite. Et cette personne continue à souffrir.

Finalement, elle arrive auprès d'Amma. Amma répond à la question d'une manière similaire. Je veux dire avec les mêmes mots, parfois les même exemples. Mais un changement soudain se produit : l'ombre du doute, de la peur et de la souffrance disparaît complètement et le visage de la personne s'éclaire. La différence est vraiment frappante.

Je me demande toujours : « Qu'est-ce qui fait la différence ? Amma ne dit rien de nouveau. Mais l'impact de ses paroles est énorme. »

Un exemple : pendant qu'Amma servait le déjeuner lors d'une retraite, un médecin indien vivant depuis 25 ans aux Etats-Unis vint me dire : « C'est ma première rencontre avec Amma. J'aimerais parler avec vous ou avec un autre *swami.* »

Cette femme me raconta ensuite une histoire très touchante. Quelques années auparavant, son mari était parti en pèlerinage au Mont Kailash, dans l'Himalaya. C'est là qu'il fut victime d'une crise cardiaque qui le terrassa. Cette femme n'arrivait pas à surmonter son chagrin et sa souffrance. Elle me dit : « Je suis en colère contre Dieu. Dieu est impitoyable. » J'écoutai son histoire avec toute la sympathie dont j'étais capable.

Je parle, j'essaie de lui montrer l'aspect spirituel de la mort et lui donne plusieurs des exemples que donne Amma.

Je conclus en lui disant qu'en vérité, son mari a eu de la chance de rendre l'âme dans un lieu sacré, la demeure de Shiva. « Il a eu une mort magnifique. »

En partant, cette femme me dit : « Je vous remercie beaucoup. Mais je suis encore très triste. »

Le lendemain matin, cette femme va au *darshan*. Avant que j'aie eu le temps de souffler mot de son histoire à Amma, Amma la regarde profondément dans les yeux et lui demande en anglais : « *Sad* ? » (triste ?)

Visiblement, Amma a perçu sa profonde tristesse. Je raconte son histoire à Amma tandis qu'elle la serre chaleureusement contre son cœur. Au bout d'un moment, Amma relève doucement le visage de la femme et de nouveau, la regarde profondément dans les yeux. « La mort n'est pas la fin ; ce n'est pas un anéantissement complet. C'est le début d'une nouvelle vie. » dit-elle. « Ton mari a eu de la chance. Amma le voit heureux et en paix. Donc, ne t'afflige pas. »

La femme cesse soudain de pleurer, son visage exprime la paix.

Je l'ai revue le même soir. Elle paraissait très soulagée et me dit : « Je suis en paix maintenant. Amma m'a réellement bénie ; je ne sais pas comment elle a réussi à me délivrer de ma tristesse aussi soudainement. »

Ayant cet épisode en tête, j'ai ensuite posé la question suivante à Amma : « Amma, comment se fait-il que tes paroles engendrent une telle transformation ? Pourquoi ne se produit-il pas la même chose quand nous parlons ? »

« Parce que vous êtes mariés au monde et divorcés du Divin. »

« Amma, le mental cherche encore des explications. Aurais-tu la gentillesse de bien vouloir développer un peu ? »

« Marié au monde » signifie « identifié au mental », ce qui engendre l'attachement au monde de la diversité et à ses objets. Cela te maintient séparé, divorcé, de ta nature divine.

On peut aussi comparer cela à un état d'hypnose. Quand nous nous libérons de l'emprise hypnotique que le mental exerce sur nous, il se produit un divorce intérieur. Dans cet état, même si nous fonctionnons encore dans le monde, notre mariage intérieur, notre état d'union avec le Divin, nous aide à voir la nature illusoire, changeante, du monde et donc à ne pas être affecté, à rester détaché. Alors nous ne sommes plus sous l'emprise hypnotique du monde et de ses objets. Voilà en quoi consiste l'état suprême de réalisation du Soi. Il s'agit de prendre conscience que cette union, ce mariage avec le monde, n'a rien de réel. La vérité, c'est s'unir de nouveau au divin, et ce mariage-là est éternel. Les *gopis* (les épouses des pâtres) de Vrindavan se considéraient comme les épouses de Krishna. Intérieurement, elles étaient mariées à Lui, au Divin, et divorcées du monde. »

Les scientifiques et les saints

Réponse faite à un dévot qui avait posé une question au sujet des athées :

Amma : Ne croyons-nous pas les scientifiques quand ils nous parlent de la Lune et de Mars ? Et pourtant, combien d'entre nous sont capables de vérifier la véracité de leurs affirmations ? Nous croyons cependant sur parole les scientifiques et les astronomes, n'est-ce pas ? Les saints et les sages d'antan ont, comme eux, passé des années à faire des expériences dans leur laboratoire intérieur, et ils ont réalisé la réalité suprême, le substrat de l'univers. De même que nous croyons les paroles des scientifiques qui rapportent des faits inconnus de nous, nous devrions avoir foi dans les paroles des grands maîtres qui parlent de la vérité dans laquelle ils sont établis.

Comment aller au-delà des pensées

Question : Amma, il semble que les pensées n'aient pas de fin. Plus nous méditons, plus les pensées viennent. Pourquoi en est-il ainsi ? Comment éliminer ces pensées et passer au-delà ?

Amma : Les pensées, qui constituent le mental, n'ont en réalité pas de vie propre. Elles tirent leur puissance de l'*atman*. Nos pensées sont notre propre création. Nous les rendons réelles en coopérant avec elles. Si nous leur retirons notre soutien, elles se dissolvent. Observe les pensées de près, sans les juger, et tu les verras s'éloigner peu à peu.

Le mental a accumulé des pensées et des désirs depuis la nuit des temps, au travers des différents corps dans lesquels tu t'es incarné. Toutes ces émotions sont profondément enfouies en toi. Ce que tu vois et perçois à la surface du mental n'est qu'une petite portion des couches latentes enfouies à l'intérieur. Quand tu essayes de calmer le mental grâce à la méditation, ces pensées remontent peu à peu à la surface. Cela revient à essayer de nettoyer un sol qui n'a jamais été lavé depuis des années. Quand on se met à la tâche, plus on lave, plus la saleté accumulée depuis des années ressort.

Il se passe la même chose avec le mental. Jamais auparavant nous n'avons prêté attention à toutes les pensées qui le traversaient. Comme le sol recouvert de saleté, notre mental a depuis très longtemps accumulé des pensées, des désirs et des émotions. Nous n'avons conscience que des plus superficielles. Mais sous la surface, il y a d'innombrables couches de pensées et d'émotions. Au fur et à mesure que notre méditation s'approfondit, les pensées se révèlent, comme la saleté se détache du sol au cours du nettoyage. Continue à nettoyer et ces pensées disparaîtront.

En fait, il est bon qu'elles remontent à la surface. Parce qu'une fois qu'on les voit et qu'on les reconnaît, il est plus facile de les éliminer. Ne perd pas patience. Persévère et continue à faire ta *sadhana* (pratiques spirituelles). Avec le temps, tu acquerras la force de les dépasser.

La violence, la guerre et la solution

Question : Que peut-on faire pour mettre fin à la guerre et à la souffrance ?

Amma : Faire preuve de plus de compassion et de compréhension.

Dévot : Cela ne semble pas être une solution immédiate.

Amma : Il est pratiquement impossible de trouver une solution immédiate, qui donne des résultats rapides. La mise en œuvre d'un programme à long terme ne marchera d'ailleurs peut-être pas non plus.

Dévot : Mais ce n'est pas ce que veulent les amoureux de la paix en ce monde. Ils veulent une solution rapide.

Amma : C'est bien. Que ce désir de trouver une solution rapide grandisse en eux jusqu'à devenir une aspiration intense. Une solution rapide ne peut naître que de cette aspiration profonde.

Question : Selon de nombreuses personnes vouées à la spiritualité, la violence et la guerre que l'on voit à l'extérieur ne sont que la manifestation de la violence intérieure. Qu'en penses-tu ?

Amma : C'est vrai. Toutefois, il faut comprendre que si la violence fait partie du mental humain, la paix et le bonheur en font tout autant partie. Et si les gens le veulent réellement, ils peuvent trouver la paix, intérieure et extérieure. Pourquoi se concentrent-ils autant sur le côté agressif et destructeur du mental ? Pourquoi ne voient-ils pas la compassion infinie et les sommets de créativité que ce même mental peut atteindre ?

En définitive, toutes les guerres ne sont rien d'autre que le désir intense du mental d'exprimer sa violence intérieure. Le mental a un côté primitif, non-développé ou sous développé. La guerre est le fruit de cet aspect primitif du mental. La nature belliqueuse du mental est simplement un exemple qui prouve que nous n'avons pas encore dépassé notre mental primitif. Tant que nous n'y serons pas parvenu, la guerre et les conflits continueront dans le monde. Pour traiter de manière juste et saine le problème de la guerre et de la violence, il faut rechercher puis mettre en pratique le moyen adéquat de transcender cet aspect du mental.

Question : Ce moyen, est-ce la spiritualité ?

Amma : Oui, c'est la spiritualité ; il s'agit de transformer notre manière de penser et de dépasser les faiblesses et les limitations de notre mental.

Question : Penses-tu que les gens de toutes les religions accepteront cela ?

Amma : Qu'ils l'acceptent ou non, c'est la vérité. La situation actuelle ne changera que si les chefs religieux prennent l'initiative de propager les principes spirituels de leur religion.

Question : Penses-tu que le principe fondamental de toutes les religions est la spiritualité ?

Amma : Pour Amma, il ne s'agit pas d'une opinion, mais d'une conviction profonde. C'est la vérité.

La religion et ses principes essentiels n'ont pas été correctement compris, en fait, ils ont été mal interprétés. Toute religion possède deux aspects : un aspect intérieur et un aspect extérieur. L'extérieur, c'est la philosophie, la partie intellectuelle, et l'intérieur est la partie spirituelle. Ceux qui s'attachent trop à l'aspect extérieur de leur religion se fourvoient. Les religions sont des flèches qui indiquent la direction à suivre pour atteindre un but, et ce but est la réalisation spirituelle. Pour atteindre le but, il faut dépasser la flèche, c'est-à-dire les mots.

Si par exemple tu dois traverser une rivière, tu prends un bateau. Mais une fois que tu es sur l'autre rive, tu sors du bateau et tu continues ta route. Si tu t'obstines et déclares : « J'aime tant ce bateau que je ne veux pas en sortir, je veux rester dedans », tu ne poseras jamais le pied sur l'autre rive. La religion est ce bateau. Pour traverser l'océan des notions erronées de la vie, des incompréhensions, sers-toi du bateau. Celui qui ne comprend pas cette vérité et ne la met pas en pratique ne verra jamais poindre la paix, ni à l'intérieur, ni à l'extérieur.

La religion est pareille à une clôture qui protège le jeune arbre des animaux. Une fois que l'arbre est adulte, il n'a plus besoin de clôture. On peut comparer la religion à la clôture et la réalisation à l'arbre.

Si quelqu'un te montre un fruit sur un arbre, tu regardes d'abord son doigt, puis la direction qu'il indique. Mais pour cueillir le fruit, il faut voir plus loin que le bout du doigt. Dans le monde actuel, les gens de toutes les religions passent à côté du fruit. Ils sont trop attachés au doigt – c'en est même une obsession – c'est-à-dire aux mots et à l'aspect extérieur de leur religion.

Question : Crois-tu que les gens, dans le monde, n'en ont pas assez conscience ?

Amma : De grands efforts sont actuellement déployés pour créer cette prise de conscience. Mais l'intensité des ténèbres est telle qu'il nous faut nous éveiller et travailler plus dur encore. Il existe bien sûr des gens et des organisations qui œuvrent à créer cette conscience. Mais pour y parvenir, il ne suffit pas de tenir des conférences et des séminaires sur la paix. La vraie conscience ne s'éveille que grâce à une vie méditative. Il s'agit d'un éveil intérieur. Tous les organismes et les individus qui s'efforcent activement de créer un monde paisible, sans guerre, devraient insister sur ce point. La paix n'est pas le produit d'un exercice intellectuel. Il s'agit d'un sentiment ou plutôt d'un épanouissement. C'est le résultat intérieur d'une énergie correctement canalisée dans les circuits adéquats. C'est l'œuvre de la méditation.

Question : Comment décrirais-tu l'état actuel des choses dans le monde ?

Amma : Dans le ventre de la mère, le fœtus humain prend d'abord la forme d'un poisson. A la fin de la grossesse, il a pratiquement l'allure d'un singe. Nous proclamons que nous sommes des gens civilisés qui ont accompli des progrès énormes dans le domaine scientifique. Beaucoup de nos actes indiquent cependant que nous n'en sommes encore qu'au dernier stade du fœtus dans le ventre de sa mère.

En réalité, selon Amma, le mental humain est beaucoup plus avancé que celui du singe. Un singe ne peut sauter que d'une branche à l'autre, ou d'un arbre à l'autre, mais le mental humain peut faire des sauts beaucoup plus importants. Il peut sauter d'ici à n'importe quel endroit, jusqu'à la Lune ou aux sommets de l'Himalaya et du présent au passé ou au futur.

Seul un changement intérieur fondé sur une vision spirituelle apportera la paix et mettra fin à la souffrance. La plupart des gens s'entêtent. Leur devise est : « Je ne changerai que si tu changes. » Une telle attitude n'aide personne. Si vous changez, un changement se produit automatiquement chez l'autre.

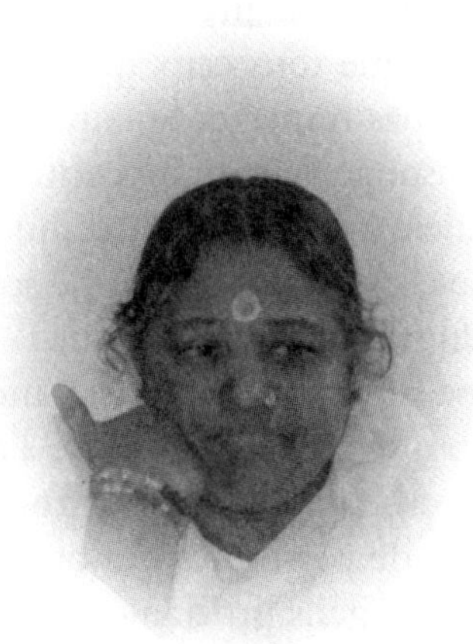

Le Christ et le christianisme

Question : Je suis chrétienne de naissance. J'aime le Christ, mais j'aime aussi Amma. Tu es mon *guru*. Mais j'ai un dilemme : mes deux fils sont d'ardents fidèles du Christ et de l'église et ils ne croient à rien d'autre. Ils ne cessent de me dire : « Maman, nous sommes tristes parce que nous ne te verrons pas au paradis ; comme tu ne suis pas le Christ, tu iras en enfer. » J'essaye de leur parler, mais ils ne m'écoutent pas. Amma, que dois-je faire ?

Amma : Amma comprend parfaitement leur foi dans le Christ. En vérité, Amma apprécie sincèrement et respecte énormément les gens qui ont une foi profonde en leur religion et en la forme divine qu'ils vénèrent. Il est toutefois complètement erroné et illogique de dire que tous ceux qui ne croient pas au Christ iront en enfer. Quand le Christ a dit : « Aime ton prochain comme toi-même », il ne voulait pas dire : « N'aime que les chrétiens » n'est-ce pas ? Affirmer que tous ceux qui ne sont pas chrétiens iront en enfer, c'est ne pas respecter les autres par manque total d'amour. C'est un mensonge. Mentir est contraire à Dieu. Etre un avec Dieu, c'est être fidèle à la vérité, parce que Dieu est vérité. Avoir la nature de Dieu, c'est faire preuve de sollicitude et d'amour pour autrui.

Une déclaration telle que : « Vous irez tous en enfer parce que vous ne suivez pas le Christ » indique un manque total de respect et de bonté envers le reste de l'humanité. Comme il est orgueilleux et cruel d'affirmer que tous les grands saints, les sages et les millions de personnes qui ont vécu avant le Christ sont allés en enfer ! Ces gens proclament-ils que l'expérience de Dieu ne date que de 2000 ans ou bien sont-ils d'avis que Dieu Lui-même n'a que 2000 ans ? C'est contraire à la nature même de Dieu, qui est présent en tout, au-delà de l'espace et du temps.

Jésus était Dieu manifesté sous une forme humaine. Amma n'a aucune difficulté à accepter cela. Toutefois, cela ne signifie pas que toutes les grandes incarnations avant et après Lui ne sont pas des *avatars* (Dieu descendu sous une forme humaine) ou sont incapables de sauver ceux qui ont foi en eux.

Le Christ n'a-t-il pas dit : « Le Royaume des Cieux est en vous » ? C'est une affirmation si simple et si directe. Qu'est-ce que cela veut dire ? Cela signifie que Dieu demeure en nous. Si le Ciel est en nous, l'enfer aussi est en nous. C'est le mental. Le mental est un outil efficace. Il peut nous servir à créer le Ciel ou l'enfer.

Tous les *mahatmas*, y compris le Christ, accordent une grande importance à l'amour et à la compassion. En vérité, l'amour et la compassion sont les principes fondamentaux de toutes les religions authentiques. Ces vertus divines sont le substrat de toutes les confessions. Si l'on n'accepte pas l'idée que la pure conscience est le principe essentiel qui supporte toute chose, on ne peut ni aimer les autres ni faire preuve de compassion envers eux. Dire : « Je t'aime, mais seulement si tu es chrétien » revient à dire : « Seuls les chrétiens sont des êtres conscients ; les autres ne sont que des objets inanimés. » Nier la conscience, c'est nier l'amour et la vérité.

Ma fille, en ce qui concerne ta situation et la manière dont tu dois réagir, Amma ne pense pas qu'il sera facile de changer la façon de voir de tes enfants. Et ce n'est pas non plus nécessaire. Laisse-les suivre leur foi. Ecoute ton cœur et continue silencieusement à faire ce qui te semble juste. Après tout, ce qui importe, c'est ce que tu ressens tout au fond de ton cœur.

Soyons de bons chrétiens, hindous, bouddhistes, juifs ou musulmans mais ne perdons jamais notre discernement, ne devenons pas fous au nom de la religion.

Initiation à un mantra consacré au Christ

Un jeune chrétien demanda un mantra à Amma. « Quelle est ta divinité d'élection ? » lui demanda Amma.

« Celle que tu veux, Amma. Quel que soit le dieu que tu choisiras, je répèterai ce mantra », dit-il.

Amma répondit : « Non, Amma sait que tu es né chrétien et que tu as été élevé dans cette religion, ce *samskara* (tendance dominante héritée de cette vie et de vies antérieures) est donc profondément ancré en toi. »

Le jeune homme réfléchit un moment, puis il dit : « Amma, si tu veux que ce soit moi qui choisisse le nom de la divinité, alors initie-moi à un mantra de Kali. »

Amma refusa sa requête avec beaucoup de douceur et lui dit : « Ecoute, Amma sait que tu essayes de lui faire plaisir. Pour Amma, peu importe si le mantra que tu récites est consacré à Kali ou au Christ. Sois honnête avec toi-même et ouvre ton cœur à Amma. C'est cette attitude qui rendra Amma vraiment heureuse. »

« Mais Amma, je récite le mantra *mrityunjaya* et d'autres prières hindoues », dit-il, essayant de convaincre Amma.

Elle répliqua : « C'est peut-être vrai, mais tu dois malgré tout réciter un mantra consacré au Christ, parce que c'est ton *samskara* dominant. Si tu en répètes d'autres, tu auras du mal à continuer. Des pensées en conflit avec le mantra ne manqueront pas de surgir. »

Mais le jeune homme était obstiné. Il voulait qu'Amma choisisse un mantra contenant le nom de Kali ou bien qu'elle en choisisse un pour lui. Amma finit par lui dire : « Bien, fils, voilà ce que tu peux faire : assieds-toi tranquillement et médite un moment. Voyons ce qui va se passer. »

Quelques minutes plus tard, il sortit de sa méditation et Amma lui demanda : « Bon, dis-moi maintenant quelle est ta divinité de prédilection ? » Le jeune homme se contenta de sourire. Amma lui demanda : « C'est bien le Christ, n'est-ce pas ? » Il répondit : « Oui, Amma, tu as raison et j'ai tort. »

Amma lui dit : « Amma ne voit aucune différence entre le Christ, Krishna et Kali. Mais toi, de façon subconsciente, tu perçois une différence, même si tu n'en as pas conscience. Amma voulait que tu en prennes conscience et que tu l'acceptes. C'est pourquoi elle t'a demandé de méditer. »

Le jeune homme était heureux et Amma l'initia à un mantra consacré au Christ.

Les chercheurs dans l'illusion et le moyen d'en sortir

Question : Amma, il y a des gens qui ont fait des pratiques spirituelles intenses pendant longtemps mais qui se sont fourvoyés. Certains proclament même qu'ils sont arrivés au bout du voyage. Comment aider de telles personnes ?

Amma : Comment peut-on aider quelqu'un qui n'a pas conscience d'avoir besoin d'aide ? Pour sortir des ténèbres de l'illusion, il faut déjà savoir que l'on est dans les ténèbres. C'est un état mental complexe. Ces enfants sont bloqués dans cet état et il leur est difficile d'accepter la vérité. Comment un être totalement libéré de toutes les formes d'ego pourrait-il prétendre à quoi que ce soit comme le font ces enfants ?

Question : Qu'est-ce qui les pousse dans cette illusion mentale ?

Amma : Leurs notions erronées de la spiritualité et la recherche du Soi.

Question : Peuvent-ils être sauvés ?

Amma : Seulement s'ils le désirent.

Question : La grâce de Dieu ne peut-elle les sauver ?

Amma : Si, bien sûr, mais sont-ils ouverts pour recevoir cette grâce ?

Question : La grâce et la compassion sont inconditionnelles. Etre ouvert, c'est une condition, n'est-ce pas ?

Amma : Etre ouvert n'est pas une condition. C'est un besoin, aussi indispensable que manger et dormir.

◆

L'aide du maître nous permet d'atteindre le but

Question : Certains sont d'avis qu'il n'est pas nécessaire de suivre les conseils d'un maître pour réaliser Dieu. Amma, qu'en penses-Tu ?

Amma : Un aveugle ne voit partout que les ténèbres. Il demande donc de l'aide. Mais bien que les gens soient spirituellement aveugles, ils ne s'en rendent pas compte. Même s'ils en prennent conscience, ils n'acceptent pas cette réalité. Il leur est donc difficile de demander à être guidés.

Les gens nourrissent des opinions variées et ils sont libres de les exprimer. Ceux dont l'intellect est plus pointu peuvent prouver ou réfuter beaucoup de choses. Mais leurs déclarations ne sont pas forcément vraies. Plus on est intellectuel, plus on est suffisant et plus il est difficile de s'abandonner à Dieu. Pour que l'expérience de Dieu devienne réalité, il faut avoir abandonné l'ego. Quiconque est très attaché à son ego trouve mille manières de justifier ses actions égoïstes. Amma a le sentiment que ceux qui déclarent qu'il n'est pas nécessaire d'être guidé par un *guru* sur la voie qui mène à Dieu ont peur d'abandonner leur ego. A moins qu'ils ne brûlent de devenir eux-mêmes des *gurus*.

Notre nature réelle est divine mais, comme nous sommes identifiés depuis longtemps au monde des noms et des formes, nous les prenons pour la réalité. Il nous faut maintenant renoncer à cette identification.

L'offrande d'un cœur innocent

Une petite fille vint au *darshan* et offrit une belle fleur à Amma en lui disant : « Cette fleur vient de notre jardin. »

« Vraiment, répondit Amma, elle est magnifique. » Amma accepta le cadeau de la petite fille et porta la fleur humblement à son front, comme si elle se prosternait.

« L'as-tu cueillie toi-même ? » demanda Amma. La petite fille hocha la tête pour répondre oui.

La mère de l'enfant expliqua que la petite était si heureuse quand elle lui avait annoncé qu'elles allaient voir Amma, qu'elle s'était précipitée au jardin et était revenue avec la fleur. Effectivement, on y voyait encore quelques gouttes de rosée. « Elle m'a montré la fleur et elle a dit : « Maman, cette fleur est aussi belle qu'Amma. »

La petite fille était assise sur les genoux d'Amma. Elle serra soudain Amma fort dans ses bras et l'embrassa sur les deux joues. « Je t'aime tant, Amma. » Amma l'embrassa en retour plusieurs fois et répondit : « Mon enfant, Amma aussi t'aime beaucoup. »

Amma regarda la petite fille qui dansait joyeusement à côté de sa mère tandis qu'elles retournaient s'asseoir et dit : « Quelle beauté dans l'innocence ! Elle captive le cœur. »

En ligne directe avec Dieu

Au cours d'une séance de questions-réponses lors d'une retraite avec Amma, l'un des dévots demanda l'air inquiet : « Amma, il y a des milliers de gens qui te prient. Il me semble que toutes les lignes seront forcément occupées si j'appelle pour demander de l'aide. As-tu une solution à me suggérer ? »

Amma se mit à rire de bon cœur en entendant la question et répondit : « Ne t'inquiète pas, mon fils, tu as une ligne directe. » La réponse d'Amma souleva de grands éclats de rire. « En réalité, tout le monde est en ligne directe avec Dieu. Mais la qualité de la communication dépend de la ferveur de la prière », ajouta-t-elle.

Comme la rivière coule...

Question : Amma, les jours et les années passent et tu fais toujours le même travail. Est-ce que tu ne t'ennuies pas, à force de prendre ainsi continuellement les gens dans tes bras ?

Amma : Si la rivière s'ennuie à force couler, si le soleil s'ennuie à force de briller, si le vent s'ennuie à force de souffler, alors Amma aussi s'ennuie.

Question : Amma, partout où tu es, tu es toujours entourée de gens. Ne ressens-tu pas le besoin d'un peu de liberté et de solitude ?

Amma : Amma est toujours libre et seule.

Les sons et les mantras védiques

Question : Les anciens *rishis* (sages) sont aussi appelés *mantra drishtas* (ceux qui ont vu les mantras). Cela signifie-t-il qu'ils ont vu les sons et les mantras dans leur pureté originelle ?

Amma : « Vu » signifie « apparu à l'intérieur » ; ces mots désignent une expérience intérieure. C'est uniquement ainsi que les mantras peuvent être perçus. Les sons et les mantras védiques étaient déjà présents dans l'univers, dans l'atmosphère. Que font les scientifiques quand ils inventent quelque chose ? Ils mettent en lumière un fait qui était jusqu'alors demeuré caché. En fait, ils n'inventent rien de nouveau. Il ne font que découvrir au sens propre.

La seule différence entre les inventions scientifiques et les mantras, c'est qu'il s'agit de niveaux plus subtils. Les *rishis*, au moyen de sévères austérités, ont rendu leurs instruments inté-rieurs clairs et parfaitement purs. Et ainsi, automatiquement, ces sons universels sont apparus devant leur vision intérieure.

Nous savons comment les sons et les images voyagent dans l'air sous forme d'ondes émises par une station de radio ou de télévision. Ces ondes se trouvent toujours dans l'atmosphère. Mais pour les voir et les entendre, il nous faut régler notre récepteur radio ou télévisé. Ainsi, ces sons divins se révèlent à ceux dont le mental est clair et pur. Les yeux du corps physique sont impuissants à les voir. Nous ne pourrons percevoir ces sons que si nous développons un troisième œil, un œil intérieur.

Quel que soit le son, apprenez à le ressentir aussi profondément que possible. Ce qui importe réellement, ce n'est pas simplement d'entendre le son, mais de le ressentir. Les prières, les mantras, apprenez à les ressentir dans votre cœur et vous ressentirez la présence de Dieu.

Question : Les mantras ont-ils un sens ?

Amma : Pas au sens où tu pourrais l'imaginer. Les mantras sont la forme la plus pure de vibration universelle, de *shakti* (l'énergie divine), dont la dimension infinie fut perçue par les *rishis* au plus profond de leur méditation. Le mantra est la puissance de l'univers sous forme de graine. C'est pourquoi on les appelle des *bijaksharas* (lettres-graines). Après cette expérience, ils ont offert ces sons purs à l'humanité. Mais il n'est pas si facile de mettre une expérience dans une « capsule verbale », surtout quand il s'agit de la plus profonde de toutes les expériences. Les mantras que nous avons sont donc les sons les plus proches du son universel, tels que les *rishis* pleins de compassion ont pu les créer pour le bien du monde. Il n'en demeure pas moins que pour faire l'expérience d'un mantra dans sa plénitude, il faut que le mental ait atteint une pureté parfaite.

Le sentiment d'un manque

Question : Amma, beaucoup se plaignent d'éprouver un sentiment de manque, malgré tout le confort matériel dont ils jouissent. D'où vient ce sentiment ?

Amma : Selon nos *karmas* (actions) passées et la manière dont nous vivons et agissons au moment présent, la vie nous apporte des expériences et des situations variées. Qui que nous soyons, quelle que soit l'ampleur de notre fortune, la seule façon de trouver la perfection et le bonheur en ce monde, c'est de vivre et de penser conformément au *dharma* (la droiture). Celui qui n'utilise pas sa richesse en accord avec le *dharma* ultime, qui est l'obtention de *moksha* (la libération), et n'y conforme pas ses désirs, ne trouvera jamais la paix. Il aura toujours le sentiment qu'il lui manque *quelque chose*. Et ce *quelque chose*, c'est la paix, la plénitude et le contentement. Ce manque de joie réelle crée un vide qu'il est impossible de combler en recherchant le plaisir ou en satisfaisant ses désirs matériels.

Dans le monde entier, les gens s'imaginent pouvoir remplir ce vide en satisfaisant leurs désirs. En réalité, ce vide demeure et s'ils continuent à courir uniquement après les plaisirs de ce monde, il ne fera que grandir.

Dharma et *moksha* sont liés. Quiconque vit en accord avec les principes du *dharma* atteindra *moksha* et celui qui désire atteindre *moksha* mène automatiquement une vie en accord avec le *dharma*.

L'argent et les richesses peuvent constituer de gros obstacles si l'usage qu'on en fait est incorrect et contraire à la sagesse. Pour ceux qui souhaitent évoluer spirituellement, ils forment un barrage. Plus on possède, plus on risque d'être obsédé par son corps. Plus on s'identifie au corps, plus l'ego grandit. L'argent en lui-même n'est pas un problème ; en revanche, l'attachement stupide que nous lui portons en est un.

Le monde et Dieu

Question : Quel est le lien entre le monde et Dieu, entre le bonheur et le malheur ?

Amma : En réalité, le monde est nécessaire pour connaître Dieu, c'est-à-dire pour trouver le vrai bonheur. A l'école, l'instituteur écrit au tableau noir avec une craie blanche. Le fond noir offre le contraste nécessaire avec les lettres blanches. Ainsi, le monde est la toile de fond qui nous permet de connaître notre pureté, de prendre conscience de notre vraie nature : le bonheur éternel.

Question : Amma, est-il vrai que seuls les êtres humains ont le sentiment d'être malheureux, insatisfaits, que les animaux n'ont pas cette sensation ?

Amma : Pas vraiment. Les animaux aussi connaissent le chagrin et le mécontentement. Ils éprouvent la douleur, l'amour, la colère et d'autres émotions. Toutefois, ils ne les ressentent pas aussi profondément que les êtres humains. Les humains, parce qu'ils sont plus évolués, éprouvent ces sentiments d'une manière beaucoup plus profonde.

En vérité, la capacité de ressentir profondément la douleur indique la possibilité de connaître l'autre extrême, la félicité. Ce sentiment de profond chagrin, de douleur, peut nous permettre de rassembler la force nécessaire pour choisir la voie de la recherche du Soi. Il s'agit simplement d'utiliser notre *shakti* (force vitale) avec plus de discernement.

Question : Amma, comment employer notre *shakti* avec plus de discernement ?

Amma : Seule une compréhension plus profonde nous permettra d'y parvenir. Si nous participons à des funérailles ou rendons visite à un malade, à une personne âgée alitée et impotente, cela nous rend tristes. Mais dès que nous rentrons chez nous et reprenons nos tâches habituelles, nous les oublions et passons à autre chose. Cet épisode n'a pas touché le tréfonds de notre cœur, il n'a pas pénétré profondément en nous. Mais si tu es capable de réellement méditer sur ces expériences et de te dire : « Tôt ou tard, il m'arrivera la même chose. Il faut que je recherche l'origine de toutes ces souffrances et que je me prépare avant qu'il ne soit trop tard », alors ces expériences changeront progressivement ta vie et t'emmèneront vers les mystères les plus profonds de l'univers. Si tu es sérieux et sincère, tu découvriras peu à peu la source même de la joie.

Pendant qu'Amma parlait, une enfant qui se trouvait conforta-blement assise sur les genoux de sa mère se mit soudain à pleurer. Amma l'appela : « Baby... baby... baby... » et demanda pourquoi l'enfant pleurait. Sa mère montra la tétine et répondit : « C'est parce qu'elle a perdu ça. » Tout le monde se mit à rire. Puis la mère remit la tétine dans la bouche de l'enfant et celle-ci s'arrêta de pleurer.

Amma : La petite a perdu ce qui faisait son bonheur. C'est une bonne illustration de notre sujet de discussion. La tétine est une illusion, comme le monde. Elle n'apporte aucune nourriture à l'enfant, mais elle l'empêche de pleurer. On peut donc dire qu'elle a une fonction. De même, le monde ne nourrit pas réellement l'âme. Il a cependant une fonction : nous rappeler le créateur, Dieu.

Question : On dit qu'avant de réaliser le Soi, il faut traverser une immense souffrance. Est-ce vrai ?

Amma : Même en dehors de la vie spirituelle, la souffrance et la douleur sont inévitables. La spiritualité n'est pas un voyage vers l'ailleurs, il s'agit d'un voyage de retour. Nous retournons à la source originelle de notre existence. Au cours de ce processus, il nous faut traverser les couches d'émotions et de *vasanas* (tendances latentes) que nous avons accumulées jusque là. Voilà la cause de notre souffrance. Elle ne vient pas de l'extérieur. Si nous sommes ouverts quand nous traversons toutes ces couches, en réalité, nous les dépassons et les transcendons, ce qui nous mènera finalement à la demeure de la paix et de la béatitude suprêmes.

Pour atteindre le sommet d'une montagne, il faut partir de la vallée, du pied de la montagne, à l'opposé du but. Ainsi, avant d'arriver au sommet du bonheur, il est inévitable de passer par le contraire, c'est-à-dire par la souffrance.

Question : Pourquoi est-ce inévitable ?

Amma : Tant que l'on est identifié à l'ego, tant que l'on a le sentiment d'être séparé de Dieu, on connaît la souffrance et le chagrin. Tu te trouves pour l'instant au pied de la montagne. Avant même de pouvoir commencer l'ascension de la montagne, il faut que tu abandonnes ton attachement pour la vallée et pour tout ce que tu y possèdes. Cela te fera forcément souffrir si tu ne le fais pas de tout ton cœur. Sinon, il n'y a pas de souffrance. Quand tu as renoncé à cet attachement, la souffrance se transforme en une aspiration intense, l'aspiration à atteindre les sommets de l'union éternelle. La véritable question, c'est : « Combien peuvent renoncer de tout cœur à cet attachement ? »

*Le dévot resta un moment songeur. Remarquant son silence, Amma lui tapota la tête (*comme si elle jouait sur un tabla, ndt) *en disant : « Accorde le tabla (la percussion) de l'ego pour qu'il en sorte des sons harmonieux. » Le dévot éclata aussitôt de rire.*

Amma : Amma se rappelle une histoire. Il était une fois un homme riche qui avait perdu tout intérêt pour la vie du monde et qui désirait commencer une vie nouvelle, une vie de paix et de tranquillité. Il possédait tout ce que l'argent peut procurer et pourtant, sa vie lui paraissait vaine. Il décida donc d'aller se placer sous la direction d'un maître spirituel. Avant de quitter sa maison, il se dit : « Que vais-je faire de tout cet argent ? Le mieux, c'est de tout offrir au maître et de ne plus y penser. Le bonheur réel, voilà ce que je brûle de trouver ». Le riche mit donc toutes ses pièces d'or dans un sac, puis il se mit en route, emportant avec lui le sac.

Il marcha toute la journée et finit par trouver le maître assis sous un arbre, à la lisière d'un village. Il déposa le sac de pièces devant le maître et se prosterna devant lui. Mais quand il releva la tête, il fut stupéfait de voir le maître partir en courant avec le sac. Confus et ébahi par le comportement étrange du *guru*, notre homme se mit à le poursuivre aussi vite que ses jambes pouvaient le porter. Le maître accéléra sa course, longeant les champs, montant et descendant les collines, sautant par-dessus les ruisseaux, écrasant les buissons et se faufilant dans les rues. La nuit tombait. Le maître connaissait si bien l'entrelacs des rues et des ruelles tournantes du village que notre homme avait de grandes difficultés à le suivre.

Abandonnant finalement tout espoir, le riche retourna à l'endroit où il avait rencontré le maître ... et son argent se trouvait là. Il s'empara avidement de son précieux sac. Caché derrière un arbre, le maître observait la scène ; il sortit de sa cachette et dit : « Dis-moi, comment te sens-tu, maintenant ? »

« Je suis heureux, très heureux... je n'ai jamais été aussi heureux de ma vie. »

« Voilà, dit le *guru*, pour connaître le vrai bonheur, il faut avoir fait l'expérience de son contraire. »

Mes enfants, vous êtes libres d'errer dans le monde et de courir après ses objets. Mais tant que vous n'êtes pas revenus à la source d'où vous êtes partis à l'origine, vous ne connaîtrez pas le vrai bonheur. Voilà une autre morale que l'on peut tirer de cette histoire.

Question : Amma, j'ai entendu dire que tant que nous sommes en quête, le vrai bonheur nous demeure caché. Comment expliques-tu cela ?

Amma : « Renoncer à toute quête » signifie renoncer à toute quête du bonheur dans le monde, parce que ce que tu cherches est en toi. Cesse de courir après les objets du monde et regarde à l'intérieur. C'est là que tu trouveras ce que tu cherches.

Tu es à la fois *celui* qui cherche et *ce* que tu cherches. Tu cherches quelque chose que tu possèdes déjà. Il est impossible de trouver *cela* à l'extérieur. C'est pourquoi toute quête du bonheur à l'extérieur mène à l'échec et à la frustration. Elle évoque l'image d'un chien qui cherche à se mordre la queue.

Une patience infinie

Depuis 1988 un homme âgé d'une bonne cinquantaine d'années vient chaque année voir Amma à New York. Il m'est impossible de l'oublier parce qu'il pose toujours les mêmes questions. Et il se trouve que c'est presque toujours moi qui lui sert d'interprète. Chaque année, cet homme pose les trois questions suivantes, sans même y changer un mot :

1 - Amma peut-elle me donner la réalisation instantanément ?

2 - Quand épouserai-je une jolie femme ?

3 - Comment puis-je gagner de l'argent rapidement et devenir riche ?

Le voyant arriver dans la queue du darshan, *je dis en plaisantant : « Voilà le disque rayé. »*

Amma comprit aussitôt à qui je faisais allusion. Elle me regarda sévèrement et dit : « La spiritualité consiste avant tout à ressentir les problèmes et la peine des autres et à y prendre part. Il faut au moins faire preuve de maturité intellectuelle quand on considère les gens qui se débattent avec ces problèmes et ces situations. Si tu n'as pas la patience de les écouter, tu n'es pas apte à être le traducteur d'Amma. »

Je demandai sincèrement pardon à Amma pour mon attitude et mes paroles pleines de préjugé. Mais je n'étais tout de même pas certain qu'Elle veuille entendre sa question pour la quinzième fois.

« Dois-je prendre ses questions ? » demandai-je à Amma.

« Bien sûr, pourquoi demandes-tu ? »

Et, bien entendu, il s'agissait encore des trois mêmes questions. Et une fois de plus, je fus envahi de respect sacré et d'émerveillement en observant Amma qui l'écoutait et lui donnait des conseils, comme si elle venait d'entendre ses questions pour la première fois.

Question : Amma, peux-tu me donner la réalisation du Soi instantanément ?

Amma : Est-ce que tu médites régulièrement ?

Dévot : Je travaille cinquante heures par semaine dans l'espoir de gagner beaucoup d'argent. Je médite, certes, mais pas régulièrement.

Amma : C'est-à-dire ?

Dévot : Une fois que j'ai fini mon travail quotidien, si je trouve le temps, je médite.

Amma : Bon, et ton mantra, est-ce que tu le récites ? Fais-tu le *japa* (récitation du mantra) chaque jour, comme on te l'a indiqué ?

Dévot : (*En hésitant un peu*) Oui, je récite mon mantra, mais pas tous les jours.

Amma : Quelles sont les heures où tu te lèves et où tu te couches ?

Dévot : Je me couche en général vers minuit et je me lève à sept heures.

Amma : A quelle heure pars-tu travailler ?

Dévot : Mon horaire au bureau est huit heures trente à dix-sept heures. Quand il n'y a pas trop de circulation, il me faut trente-cinq à quarante minutes en voiture pour m'y rendre. Je quitte donc l'appartement vers sept heures trente-cinq. J'ai juste le temps de me lever, de me faire une tasse de café et deux toasts et de m'habiller.

Le café et les toasts à la main, je saute dans la voiture et je démarre.

Amma : A quelle heure rentres-tu du bureau ?

Dévot : Mmm... cinq heures trente ou six heures.

Amma : Que fais-tu une fois rentré chez toi ?

Dévot : Je me détends une demi-heure puis je prépare à dîner.

Amma : Pour combien de personnes ?

Dévot : Juste pour moi. Je suis tout seul.

Amma : Combien de temps cela prend-il ?

Dévot : En gros, quarante minutes à une heure.

Amma : Cela nous mène à sept heures trente. Que fais-tu après dîner ? Tu regardes la télé ?

Dévot : C'est juste.

Amma : Pendant combien de temps ?

Dévot (*En riant*) : Amma, tu m'as coincé. Je regarde la télé jusqu'à ce que je me couche. Je veux aussi t'avouer autre chose...mais non, laissons cela tomber.

Amma (*En lui tapotant le dos*) : Vas-y, continue, finis ce que tu allais me dire.

Dévot : C'est vraiment trop embarrassant à avouer.

Amma : Bon, d'accord.

Dévot (*après une pause*) : Il ne sert à rien d'essayer de te le cacher, je suis certain que de toutes façons, tu le sais déjà. Sinon, pourquoi aurais-tu créé cette situation ? Oh Seigneur, c'est une telle *lila* (jeu divin)... Amma, je te demande pardon, mais j'ai oublié le mantra que tu m'as donné. Je ne retrouve même plus le morceau de papier sur lequel il était écrit.

A ces mots, Amma éclate de rire.

Dévot (*étonné*) : Comment ? Pourquoi ris-tu ?

Il restait là, assis, l'air inquiet, et Amma, taquine, lui pinça l'oreille.

Amma : Petit cachottier ! Amma savait que tu essayais de lui cacher quelque chose. Mon fils, c'est Dieu qui donne toute chose. Amma perçoit ta sincérité et ton intérêt, mais tu dois faire preuve de plus de *shraddha* (foi remplie d'amour, vigilance) et t'engager. Tu dois être prêt à travailler dur pour atteindre le but, la réalisation du Soi.

Le mantra est le pont qui te relie au *guru*, qui relie le fini à l'infini. La répétition du mantra est la nourriture du vrai disciple. Montre ton respect envers le mantra et ta vénération envers le *guru* en répétant ton mantra tous les jours, sans y manquer. Sans un engagement de ta part, la réalisation du Soi ne se produira pas. La spiritualité ne devrait pas être une occupation à temps partiel, c'est un travail à temps plein. Amma ne te demande pas de quitter ton travail ni de travailler moins. Tu considères ton travail et le fait de gagner de l'argent comme des choses sérieuses, n'est-ce pas ? Eh bien réaliser Dieu, c'est aussi une affaire sérieuse. Les pratiques spirituelles devraient faire partie de ta vie au même titre que le fait de manger et de dormir.

Dévot (*Poliment*) : Amma, j'accepte ta réponse. Je m'en souviendrai et je vais essayer de rectifier mon comportement en suivant tes instructions. Bénis-moi, je t'en prie.

L'homme resta un moment silencieux. Il semblait réfléchir.

Amma : Mon fils... Tu as déjà été marié deux fois, n'est-ce pas ?

Dévot (*éberlué*) : Comment le sais-tu ?

Amma : Mon fils, ce n'est pas la première fois que tu parles de ces problèmes à Amma.

Dévot : Quelle mémoire !

Amma : Qu'est-ce qui te fait penser que le prochain mariage marchera ?

Dévot : Je ne sais pas.

Amma : Tu ne sais pas ou tu n'en es pas sûr ?

Dévot : Je n'en suis pas sûr.

Amma : Et malgré cette incertitude, tu songes à te remarier ?

A la fois éberlué et amusé, le dévot fut pris d'un tel fou rire qu'il en tomba presque à la renverse. Il se rassit et déclara les mains jointes : « Amma, tu es irrésistible et invincible. Je me prosterne devant toi. »

Avec un sourire bienveillant, Amma tapota gentiment la tête chauve profondément inclinée devant elle.

L'amour inconditionnel et la compassion

Question : Amma, quelle est ta définition de l'amour inconditionnel et de la compassion ?

Amma : C'est un état totalement indéfinissable.

Question : Alors qu'est-ce que c'est ?

Amma : C'est être vaste, infini, comme le ciel.

Question : Le ciel intérieur ?

Amma : Il n'y a pas d'intérieur ni d'extérieur dans cet état.

Question : Et donc ?

Amma : Il n'y a que l'Un. C'est pourquoi c'est impossible à définir.

La voie la plus facile

Question : Amma, il existe tant de voies, quelle est la plus facile ?

Amma : La voie la plus facile, c'est d'être aux côtés d'un *satguru* (maître authentique). Etre avec un *satguru*, c'est voyager en Concorde. Le *satguru* est le véhicule le plus rapide pour nous emmener au but. Suivre une voie quelle qu'elle soit sans l'aide d'un *satguru* revient à prendre un omnibus qui s'arrête partout. Cela ralentit le processus.

L'illumination, l'abandon de soi et la vie au présent

Question : Quelle que soit l'intensité de notre *sadhana* (pratiques spirituelles), est-il impossible que l'illumination se produise si nous n'avons pas une attitude d'abandon de nous-mêmes ?

Amma : Qu'entends-tu par « une *sadhana* intense » ? Pratiquer une *sadhana* intense, c'est l'accomplir avec sincérité et amour. Pour cela, il faut être dans le présent. Pour être dans le présent, il faut abandonner le passé et le futur.

Quelle que soit l'expression employée, « l'abandon de soi », « vivre dans le moment présent », « être ici et maintenant », « vivre dans l'instant », elles désignent toutes la même chose. Les termes sont différents, mais l'expérience intérieure est la même. Toutes les formes de pratique spirituelle sont faites pour nous aider à apprendre la grande leçon du lâcher-prise. La vraie méditation n'est pas une action ; c'est le cœur qui brûle de s'unir au Soi, à Dieu. Plus nous avançons dans ce processus, moins nous avons d'ego et plus nous nous sentons légers. Ainsi, tu vois, le rôle de la *sadhana*, c'est d'effacer peu à peu les sentiments du « moi » et du « mien ». Ce processus est décrit de différentes manières, en employant différents termes, voilà tout.

Dévote : En ce monde, notre degré d'agressivité et de compétence détermine notre réussite et nos réalisations matérielles. A moins de continuellement aiguiser son mental et son intellect, il est impossible de gagner. Au moindre manquement, on se retrouve au dernier rang, on est mis au rancard. Il semble qu'il y ait une grande différence entre les principes de la vie spirituelle et ceux de la vie dans le monde.

Amma : Ma fille, comme tu l'as très justement dit, il *semble* qu'il y ait une différence.

Dévote : Que veux-tu dire Amma ?

Amma : C'est que la plupart des gens, indépendamment de ce qu'ils sont ou font, vivent bien au présent, mais pas *complètement*. Quand ils sont engagés dans une action ou une pensée, ils sont présents dans cet instant, sinon, rien ne se ferait. Observe par exemple un menuisier qui utilise un outil. Si sa pensée vagabonde au lieu de rester concentrée dans le présent, il risque de se blesser gravement. On peut donc dire que les gens vivent au présent. La seule différence, c'est que la plupart des gens ont peu ou pas conscience d'eux-mêmes et ne sont donc que partiellement présents ou complètement absents. La science spirituelle nous enseigne à être pleinement dans l'instant, à tout moment et en tout lieu. Les gens sont soit dans le mental, soit dans l'intellect, ils ne sont jamais dans le cœur.

Question : Mais pour être pleinement présent, ne faut-il pas transcender l'ego ?

Amma : Oui, mais transcender l'ego ne signifie pas devenir inutile, incapable de fonctionner. C'est au contraire dépasser toutes les faiblesses. Il s'agit d'une transformation totale qui permet à tes facultés intérieures de s'exprimer dans toute leur plénitude. Tu deviens alors un être humain parfait qui est prêt à servir le monde et qui a transcendé toute dualité.

Question : Amma, veux-tu dire qu'en réalité il n'y a aucune différence entre s'abandonner et vivre au présent ?

Amma : Oui, il s'agit de la même chose.

Japa mala et téléphone portable

Accompagnée de ses enfants, Amma se dirigeait vers la salle où allait se dérouler le programme quand elle vit un des *brahmacharis* s'écarter du groupe pour répondre à un appel téléphonique. Amma remarqua : « Quand il s'agit d'assumer des responsabilités telles que l'organisation des programmes d'Amma dans tout le pays et de rester en contact avec les organisateurs locaux, un chercheur spirituel peut utiliser un téléphone portable. Mais quand vous avez le portable dans une main, gardez le *japa mala* (rosaire) dans l'autre pour ne pas oublier de chanter votre mantra. Un téléphone portable est nécessaire pour rester en contact avec le monde. Faites-en usage si cela s'avère indispensable, mais ne perdez jamais le contact avec Dieu : c'est votre force de vie.

Une Upanishad vivante

Question : Comment décrirais-tu un *satguru* (un maître authentique) ?

Amma : Un *satguru* est une *Upanishad* vivante (une incarnation de la vérité suprême telle qu'elle est décrite dans les *Upanishads*)

Question : Quel est la tâche essentielle du maître ?

Amma : Sa seule intention est d'inspirer les disciples et de leur insuffler la foi et l'amour nécessaires pour atteindre le but. La tâche première, essentielle, du maître, c'est de faire naître chez le disciple le feu de la recherche du Soi, de l'amour de Dieu. Une fois que ce feu est allumé, la tâche suivante consiste à entretenir la flamme, à la protéger des nuits d'orages et des pluies diluviennes des tentations inutiles. Le maître garde le disciple, comme une mère poule protège ses poussins sous son aile. Peu à peu, le disciple apprend l'abandon de soi et le détachement en observant le maître, en s'inspirant de l'exemple de sa vie. Ce processus culmine dans un abandon complet et le dépassement de soi.

Question : Que dépasse donc le disciple ?

Amma : Sa nature inférieure, ses *vasanas* (tendances latentes).

Question : Amma, comment décrirais-tu l'ego ?

Amma : Un phénomène insignifiant mais qui peut s'avérer destructeur si on n'y fait pas attention.

Question : Mais ne s'agit-il pas d'un instrument très utile et puissant quand on vit dans le monde ?

Amma : Oui, si on apprend à s'en servir correctement.

Question : Que veux-tu dire par « correctement » ?

Amma : Amma entend qu'il faut exercer sur lui un contrôle adéquat grâce au discernement.

Question : Les *sadhaks* (chercheurs spirituels) font la même chose, cela fait partie de leurs pratiques spirituelles, n'est-ce pas ?

Amma : Oui, mais un *sadhak* acquiert peu à peu la maîtrise de l'ego.

Question : Cela veut-il dire qu'il n'est pas nécessaire de transcender l'ego ?

Amma : Maîtriser et transcender, c'est la même chose. En réalité, il n'y a rien à transcender. De même que l'ego est en définitive irréel, le fait de le dépasser est tout aussi irréel. L'*atman* (le Soi) seul est réel. Le reste, ce ne sont que des ombres, ou encore des nuages qui voilent le soleil : rien de tout cela n'est réel.

Dévot : Mais l'ombre nous protège du soleil. On ne peut pas dire qu'elle est irréelle.

Amma : C'est vrai. On ne peut pas dire que l'ombre est irréelle. Elle a une fonction, elle protège du soleil. Mais n'oublie pas l'arbre, qui est la source de l'ombre. Sans l'arbre, il n'y a pas d'ombre, mais l'arbre n'a pas besoin de l'ombre pour exister. L'ombre n'est donc ni réelle ni irréelle. C'est la nature de *maya* (l'illusion). Le mental, l'ego, n'est ni réel ni irréel. L'existence de l'*atman* ne dépend néanmoins en rien de l'ego.

Imagine un homme et son fils qui marchent par une chaleur torride. Pour se protéger du soleil, le petit garçon marche derrière son père, dans son ombre, qui l'abrite du soleil. Tu as raison, mon fils, on ne peut pas dire que l'ombre est irréelle ; mais elle n'est pas non plus réelle. Elle a cependant une fonction. Ainsi, bien que l'ego ne soit ni réel ni irréel, il a une fonction, qui est de nous rappeler la réalité ultime, l'*atman*, le substrat de l'ego.

Comme l'ombre n'existe pas par elle-même, ni le monde ni l'ego ne peuvent exister sans l'*atman*. C'est l'*atman* qui soutient et nourrit l'ensemble de l'existence.

Question : Amma, pour revenir au thème du dépassement : tu as dit que l'ego était irréel et que le fait de transcender l'ego était lui aussi irréel. S'il en est ainsi, quel est ce processus d'épanouissement du Soi, de réalisation du Soi ?

Amma : De même que l'ego est irréel, le processus qui consiste à transcender l'ego n'a lieu qu'en apparence. Même l'expression « d'épanouissement du Soi » n'est pas juste car le Soi n'a pas besoin de s'épanouir. Ce qui demeure immuable au cours des trois dimensions du temps n'a pas besoin de passer par un tel processus.

Toutes les explications te mèneront finalement au point où tu saisiras qu'elles sont dépourvues de sens. Tu comprendras finalement qu'en dehors de l'*atman,* rien n'a jamais existé et qu'en réalité, il n'y a même jamais eu de processus.

Imagine une source de pur nectar au milieu d'une épaisse forêt. Tu la découvres un jour, tu y bois et atteins l'immortalité. La source a toujours existé mais tu ne le savais pas. Soudain, tu as pris conscience de son existence. Il en va de même avec la source intérieure de pure *shakti* (énergie). A mesure que ta quête et ton aspiration à connaître le Soi s'intensifient, il se produit une révélation et tu entres en contact avec cette source. Une fois que le contact est établi, tu découvres qu'il n'a jamais été rompu.

Par exemple, l'univers contient en son sein une immense fortune : des pierres de grand prix, des potions magiques, des panacées universelles, de précieuses informations concernant l'histoire de l'humanité, des méthodes pour résoudre le mystère de l'univers, etc. Ce que les savants du passé, du présent et de l'avenir sont capables de découvrir n'est qu'une partie infinitésimale de ce que l'univers recèle en réalité. Rien n'est nouveau. Toutes les inventions consistent simplement à dévoiler ce qui est. De même, la vérité suprême réside au fond de nous, mais elle est comme recouverte d'un voile. Le processus de « dé-couverte » est appelé *sadhana* (pratiques spirituelles).

C'est pourquoi, du point de vue de l'individu, il y a bien un processus d'épanouissement du Soi et donc également de dépassement de soi.

Question : Amma, peux-tu expliquer comment se dépasser dans les situations variées de la vie quotidienne ?

Amma : Il n'est possible de se dépasser que quand nous avons atteint un degré suffisant de maturité et de compréhension. Nous y parvenons grâce aux pratiques spirituelles et en accueillant les expériences et les situations que la vie nous apporte avec une attitude positive et un certain degré d'ouverture. Cest cela qui nous permet de laisser tomber nos conceptions erronées et d'aller au-delà. Il suffit d'un peu plus de vigilance pour voir que le lâcher-prise, le dépassement de petites choses, de désirs et d'attachements insignifiants, est une expérience courante de la vie quotidienne.

Un enfant aime s'amuser avec ses jouets, par exemple avec son chimpanzé en peluche. Il l'aime tant qu'il le traîne partout et toujours avec lui. Quand il joue avec, il lui arrive même d'oublier de manger. Et si sa mère essaye de lui enlever sa peluche, il en est si bouleversé qu'il pleure. Il s'endort même en serrant très fort le chimpanzé dans ses bras. Sa mère ne peut le lui enlever qu'une fois qu'il est endormi.

Mais un jour, elle trouve tous les jouets préférés de l'enfant, y compris le chimpanzé en peluche, abandonnés dans un coin de la chambre. Le garçon a grandi ; il a dépassé le stade où il jouait avec eux. S'il voit un autre enfant jouer avec, il le regarde en souriant et songe : « Oh, ce petit s'amuse avec les jouets. » Il a oublié qu'il a lui aussi été un petit.

L'enfant abandonne les jouets pour se tourner vers quelque chose de plus avancé, comme par exemple un tricycle ; il ne lui faut pas longtemps pour dépasser aussi cela et se mettre à faire de la bicyclette. Et finalement, l'enfant désire avoir une mobylette, une voiture, etc. Un *sadhak*, lui, a besoin de développer la force et la compréhension nécessaires pour dépasser tout ce qui se trouve sur sa route et n'embrasser que le Divin.

Maya

Question : Amma, qu'est-ce que *maya* ? Quelle définition en donnerais-tu ?

Amma : Le mental est *maya*. L'incapacité du mental à concevoir le caractère éphémère et changeant du monde, voilà ce que l'on appelle *maya*.

Dévot : On dit aussi que ce monde phénoménal est *maya*.

Amma : Oui, parce qu'il s'agit d'une projection du mental. Ce qui nous empêche de voir cette réalité est *maya*.

Aux yeux d'un enfant, un lion en bois de santal est réel mais pour un adulte, c'est un morceau de bois de santal. Le bois demeure caché aux yeux de l'enfant, qui ne voit que le lion. Les parents apprécient peut-être le lion mais ils savent qu'il n'est pas réel. Pour eux, c'est le bois qui est réel et pas le lion. Ainsi, pour un être réalisé, l'univers entier n'est rien d'autre que l'essence, le « bois » substrat de toutes choses, le *Brahman* absolu, la Conscience.

Les athées

Question : Amma, que penses-tu des athées ?

Amma : Tant qu'une personne sert correctement la société, peu importe qu'elle croie en Dieu ou pas.

Question : Ce n'est pas vraiment important pour toi, n'est-ce pas ?

Amma : Tout le monde est important pour Amma.

Question : Mais penses-tu que leur point de vue est correct ?

Amma : Qu'importe l'avis d'Amma, tant qu'ils gardent leurs convictions ?

Question : Amma, tu esquives ma question sans y répondre.

Amma : Et toi, ma fille, tu cherches à faire dire à Amma ce que tu veux entendre.

Dévote (*en riant*) : D'accord, Amma, je veux savoir si l'athéisme n'est qu'un exercice intellectuel ou si leurs déclarations ont un sens.

Amma : Sens, absence de sens, tout dépend de notre attitude. Les athées croient fermement qu'il n'existe pas de puissance suprême, que Dieu n'existe pas. Certains d'entre eux se contentent toutefois de déclarer cela en public, alors qu'intérieurement ils sont croyants.

Ces exercices intellectuels n'ont rien de spécial. Toute personne dotée d'une certaine finesse intellectuelle peut prouver ou réfuter l'existence de Dieu. L'athéisme est fondé sur la logique. Comment un exercice intellectuel pourrait-il prouver ou réfuter l'existence de Dieu, alors que Dieu est au-delà de l'intellect ?

Question : Amma, tu dis bien que leur opinion au sujet de Dieu est incorrecte, n'est-ce pas ?

Amma : Qu'il s'agisse de leur opinion ou de celle de quelqu'un d'autre, les opinions au sujet de Dieu sont forcément incorrectes, parce qu'il est impossible de considérer Dieu à partir d'un angle quelconque. Dieu n'apparaît que quand toutes les opinions disparaissent. La logique intellectuelle peut servir à prouver ou à réfuter, mais ce qu'on en déduit n'est pas toujours la vérité.

Si tu dis par exemple : « A n'a rien dans les mains ; B non plus. Je ne vois rien dans les mains de C, donc personne n'a rien entre les mains. » C'est logique et cela paraît correct, mais est-ce vrai ? La validité des conclusions intellectuelles est similaire.

Les athées contemporains gaspillent beaucoup de temps à s'efforcer de prouver la non-existence de Dieu. Si leur conviction est si forte, pourquoi s'inquiètent-ils tant ? Au lieu de s'engager dans des disputes destructrices, ils feraient mieux de faire quelque chose d'utile à la société.

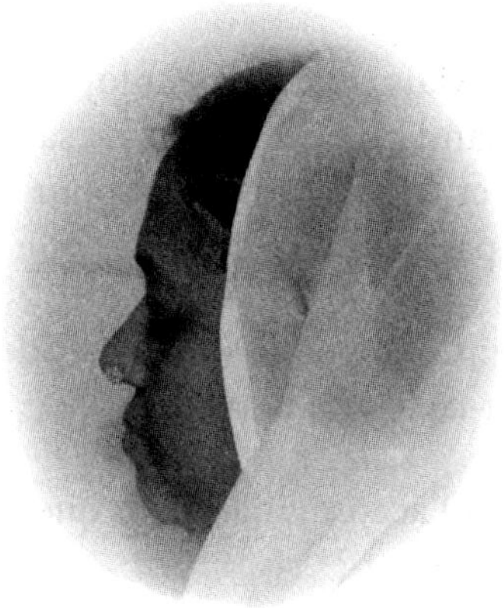

La paix

Question : Comment Amma définirait-elle la paix ?

Amma : La paix intérieure ou extérieure ?

Dévote : Je veux savoir ce qu'est la vraie paix.

Amma : Ma fille, dis d'abord à Amma quelle est ta conception de la vraie paix.

Dévote : Je pense que la paix, c'est le bonheur.

Amma : Mais qu'est-ce que le vrai bonheur ? S'agit-il de quelque chose que nous obtenons quand tous nos désirs sont satisfaits ? Ou bien as-tu une autre explication ?

Dévote : Mmm... c'est l'humeur qu'on ressent quand les désirs sont satisfaits, n'est-ce pas ?

Amma : Mais cette humeur joyeuse disparaît assez vite. Tu es heureuse quand un de tes désirs est satisfait. Mais un autre désir surgit bientôt et te voilà qui court pour le satisfaire. C'est un processus qui n'a pas de fin, n'est-ce pas ?

Dévote : C'est vrai. Donc le fait de se sentir intérieurement heureux, est-ce le vrai bonheur ?

Amma : D'accord, mais dans quelles circonstances es-tu heureuse intérieurement ?

Dévote (*en riant*) : Tu essaies de me coincer.

Amma : Non, nous approchons de la réponse qu'il te faut. Allez, ma fille, peut-on être intérieurement heureux si le mental n'est pas calme ? Ou bien, à ton avis, le fait d'être calme et posé en mangeant du chocolat et des glaces, est-ce la paix véritable ?

Dévote (*en riant*) : Oh non, tu me taquines.

Amma : Non, ma fille, Amma est sérieuse.

Dévot (*songeuse*) : Cela n'est ni la paix ni le bonheur. C'est juste une sorte d'excitation et de fascination.

Amma : Et est-ce que cette fascination dure longtemps ?

Dévote : Non, elle va et vient.

Amma : Dis-moi maintenant, peut-on dire qu'un sentiment qui va et vient est réel, c'est-à-dire permanent ?

Dévote : Non, pas vraiment.

Amma : Comment le qualifierais-tu ?

Dévote : Ce qui va et vient est en général qualifié de temporaire, d'éphémère.

Amma : Maintenant que tu as exprimé cela, Amma va te poser la question suivante : Y a-t-il eu des moments, au cours de ta vie, où tu t'es sentie en paix sans raison particulière ?

Dévote (*Après quelques moments de réflexion*) : Oui, une fois alors que j'étais assise dehors dans la cour, derrière la maison, et que je regardais le soleil se coucher. Ce spectacle m'a rempli le cœur d'une joie inconnue. En cet instant merveilleux, j'ai glissé dans un état libre de pensées et j'ai ressenti une grande paix, une grande joie intérieure. En me souvenant de ce moment, j'ai même ensuite composé un poème qui décrit cette expérience.

Amma : Ma fille, voilà la réponse à ta question. La paix naît quand le mental est calme et traversé par le moins de pensées possible. Moins il y a de pensées, plus la paix règne et inversement. La paix ou le bonheur sans cause extérieure, c'est cela le vrai bonheur, la vraie paix.

Paix et bonheur sont synonymes. Plus tu es ouverte, plus tu ressens la paix et le bonheur et vice-versa. Sans un certain contrôle du mental, il est difficile d'atteindre la vraie paix.

Trouver la paix intérieure, voilà le vrai chemin vers la paix extérieure. Les efforts à l'intérieur et à l'extérieur doivent aller de pair.

Question : Comment décrirais-tu la paix d'un point de vue spirituel ?

Amma : Il n'y a aucune différence entre la paix spirituelle et la paix profane. De même qu'il n'existe qu'un seul amour, il n'y a qu'une seule paix. Certes, il y a une différence de degré. Tout dépend de la profondeur intérieure. Comparons le mental à un lac : les pensées sont comme des rides à la surface du lac. Chaque pensée, chaque mouvement d'agitation est comme une pierre jetée dans le lac, elle crée des vaguelettes innombrables. Un mental méditatif devient pareil à une fleur de lotus qui flotte à la surface du lac. Il y a encore les rides des pensées sur l'eau, mais le lotus flotte, sans en être affecté.

« Laisse-moi tranquille, fiche-moi la paix ! » Il est courant d'entendre ces paroles, parfois au milieu d'une querelle ou bien quand on ne supporte plus une personne ou une situation donnée. Mais est-il possible d'avoir la paix ? Même si nous laissons cette personne tranquille, elle ne sera pas en paix, elle ne trouvera pas la tranquillité. Enfermée dans sa chambre, elle rumine ce qui s'est passé et continue à bouillir intérieurement. Elle reste dans le monde des pensées qui vont la déranger. La vraie paix, c'est un sentiment profond qui submerge le cœur quand nous sommes libres de toute pensée touchant au passé.

La paix n'est pas le contraire de l'agitation. C'est l'absence d'agitation. C'est un état de détente et de repos complet.

La leçon suprême

Question : Quelle est la leçon essentielle qu'il nous faut apprendre dans la vie ?

Amma : Etre attaché au monde tout en gardant une attitude de détachement.

Question : Comment l'attachement et le détachement peuvent-ils coexister ?

Amma : Il s'agit de s'attacher et de se détacher à volonté ; tu agis, puis tu lâches prise et tu continues... tu agis de nouveau, puis tu lâches prise et tu continues ton chemin. Les bagages superflus rendent le voyage difficile, n'est-ce pas ? Ainsi, les bagages superflus de rêves, de désirs et d'attachements allant à l'encontre de la raison rendent le voyage de notre vie extrêmement malheureux.

Même les grands empereurs, les dictateurs et les gouvernants souffrent horriblement à la fin de leur vie parce qu'ils portent des bagages superflus. A ce moment-là, seul l'art du détachement peut nous aider à être en paix.

Alexandre était un grand guerrier, un empereur qui avait conquis presque un tiers du monde. Il souhaitait régner sur le monde entier mais il fut vaincu sur le champ de bataille et tomba mortellement malade. Quelques jours avant sa mort, Alexandre appela ses ministres et leur expliqua comment il souhaitait être enterré : il voulait une ouverture de chaque côté du cercueil, par où ses bras sortiraient, les paumes ouvertes et tournées vers le haut. Les ministres lui demandèrent la raison de ce vœu. Il répondit qu'ainsi, tout le monde verrait qu'Alexandre le Grand, qui toute sa vie s'était efforcé de posséder et de conquérir le monde, l'avait quitté les mains vides et n'avait rien pu emporter, pas même son corps. Les gens comprendraient ainsi à quel point il est futile de passer sa vie à courir après le monde et ses objets.

Après tout, nous n'emportons rien avec nous quand nous quittons ce monde, même pas notre propre corps. Alors à quoi bon y être excessivement attaché ?

L'art et la musique

Question : Amma, je suis artiste, musicien et je voudrais savoir quelle attitude je dois avoir vis-à-vis de ma profession et comment exprimer de mieux en mieux mes talents musicaux ?

Amma : L'art, c'est la beauté de Dieu manifestée sous forme de musique, de peinture, de danse, etc. C'est l'une des voies les plus faciles pour réaliser le divin qui est en nous.

Beaucoup de saints ont trouvé Dieu au travers de la musique. Tu es donc particulièrement béni d'être musicien. En ce qui concerne ton attitude vis-à-vis de ta profession, considère-toi comme un débutant, comme un enfant devant Dieu, devant le Divin. Cela te permettra de puiser dans les possibilités infinies de ton esprit. C'est ainsi que tu pourras exprimer de mieux en mieux tes talents musicaux, d'une manière beaucoup plus profonde.

Question : Mais comment être un enfant, un débutant ?

Amma : En reconnaissant et en acceptant ton ignorance, tu deviens automatiquement un débutant.

Dévot : Je comprends bien cela, mais je ne suis pas complètement ignorant. J'ai une formation de musicien.

Amma : Quel est ton degré de formation et d'expérience ?

Dévot : J'ai étudié la musique pendant six ans et je donne des concerts depuis quatorze ans.

Amma : Quelle est la dimension de l'espace ?

Dévot (*un peu interloqué*) : Je ne comprends pas ta question.

Amma (*en souriant*) : Tu ne comprends pas la question parce que tu ne comprends pas l'espace n'est-ce pas ?

Dévot (*en haussant les épaules*) : Peut-être.

Amma : Peut-être ?

Question : Mais quel est le rapport entre ma question et la tienne : « Quelle est la dimension de l'espace ? »

Amma : Il y a un lien. La musique pure est aussi vaste que l'espace. C'est Dieu, c'est la connaissance pure. Permettre au son de l'univers de s'écouler à travers toi, voilà le secret. Il est impossible d'apprendre la musique en vingt ans. Il y a peut-être vingt ans que tu chantes, mais comprendre réellement la musique signifie réaliser que la musique est ton propre Soi. Pour cela, il faut permettre à la musique de prendre complètement possession de toi. Pour que ton cœur contienne plus de musique, il te faut créer plus d'espace à l'intérieur. Plus tes pensées sont nombreuses, moins il y a d'espace. Réfléchis maintenant et demande-toi : « Quel est l'espace disponible en moi pour la musique pure ? »

Si tu souhaites vraiment que tes talents musicaux s'expriment de plus en plus, réduis la quantité de pensées inutiles afin de créer plus d'espace libre, permettant ainsi à l'énergie de la musique de s'écouler en toi.

La fontaine d'amour

Question : Amma, comment apprendre à aimer de manière pure et innocente, comme tu le dis ?

Amma : Tu ne peux apprendre que ce qui t'est étranger. Mais l'amour est ta vraie nature. Il y a en toi une fontaine d'amour. Puise à cette source comme il convient et la *shakti* (l'énergie divine) de l'amour divin remplira ton cœur et ne cessera jamais de grandir. Tu ne peux pas *faire* que cela se produise ; tu peux uniquement créer en toi l'attitude juste qui permettra que cela se produise.

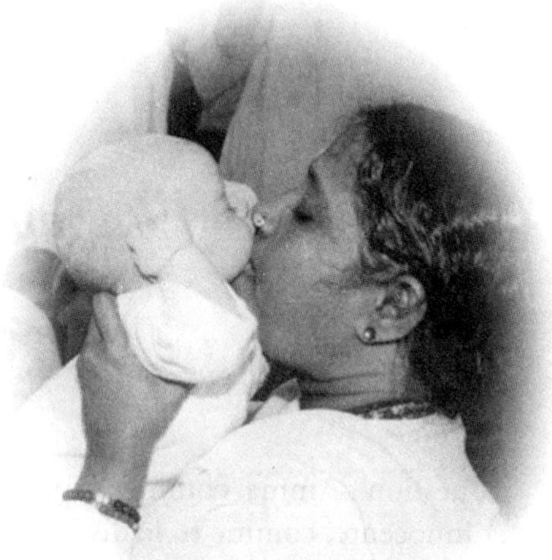

Pourquoi prends-tu les gens dans tes bras ?

Question : Amma, tu prends tout le monde dans tes bras. Qui te prend dans ses bras ?

Amma : La création entière embrasse Amma. En vérité, Amma et la création sont dans une éternelle étreinte.

Question : Amma, pourquoi prends-tu les gens dans tes bras ?

Amma : C'est comme si on demandait à la rivière : « Pourquoi coules-tu ? »

Une précieuse leçon

C'était un matin pendant le *darshan*, alors qu'Amma venait juste de finir de répondre aux questions de ses enfants. Je poussai un profond soupir car la queue avait été longue et je me préparai à faire une pause. C'est alors qu'un dévot arriva et me tendit encore un papier : une autre question. Pour être honnête, j'étais un peu agacé. Je pris cependant le mot et lui demandai : « Pouvez-vous attendre jusqu'à demain ? Nous avons terminé pour aujourd'hui. »

Il répliqua : « C'est important. Pourquoi ne demandez-vous pas maintenant ? » Je pensai - mais peut-être était-ce mon imagination - qu'il se montrait exigeant.

« Est-ce que je vous dois des explications ? » rétorquai-je.

Mais il n'était pas prêt à abandonner. « Bien sûr, rien ne vous y oblige, mais pourquoi ne demandez-vous pas à Amma ? Elle est peut-être prête à répondre à ma question. »

Je me contentai de l'ignorer et de regarder ailleurs. Amma

donnait le *darshan*. Notre discussion s'était déroulée derrière sa chaise. Nous avions tous deux parlé doucement, mais fermement.

Amma se retourna soudain et me demanda : « Est-ce que tu es fatigué ? Tu as envie de dormir ? As-tu mangé ? » Stupéfait et honteux à la fois, je me rendis compte qu'elle avait entendu notre conversation. Vrai, quelle sottise de ma part ! J'aurais dû le savoir. Amma donnait le *darshan* et nous parlions doucement, mais ses yeux, ses oreilles et son corps entier voient, entendent et sentent tout.

Amma ajouta : « Si tu es fatigué, va te reposer un moment, mais prends d'abord la question de ce fils. Apprends à être prévenant. Ne sois pas obsédé par ce que tu considères comme juste. »

Je m'excusai auprès de cet homme et pris sa question. Amma accueillit son problème avec beaucoup d'amour et l'homme partit satisfait. Bien entendu, comme il l'avait dit, il s'agissait d'une question importante.

Après son départ, Amma me dit : « Mon fils, quand tu es en réaction vis-à-vis de quelqu'un, tu as tort et il est fort probable que la personne a raison. Elle est de meilleure humeur, ce qui lui donne la clarté nécessaire pour observer la situation. Le fait de réagir te rend aveugle. Une telle attitude ne t'aide pas à voir les autres ni à prendre leurs sentiments en considération.

Avant de réagir face à une situation donnée, peux-tu marquer une pause et dire à l'autre personne : « Donnez-moi un peu de temps avant de vous répondre. Laissez-moi réfléchir à ce que vous venez de dire. Peut-être que vous avez raison et que j'ai tort. » ? Si tu as le courage de dire cela, tu prends au moins en compte les sentiments de l'autre. Cela évitera les conséquences déplaisantes qui pourraient découler d'une telle attitude négative. »

C'est ainsi que le grand Maître m'offrit une fois de plus une inestimable leçon. Elle m'avait rendu humble.

Comprendre un être réalisé

Question : Est-il possible de comprendre un *mahatma* avec le mental ?

Amma : D'abord et avant tout, il est impossible de comprendre un *mahatma*. On ne peut que faire l'expérience de sa présence. Par nature, le mental vacille et doute, il ne peut donc rien connaître en réalité, même s'il s'agit d'un objet de ce monde. Si par exemple tu veux vraiment faire l'expérience d'une fleur, le mental s'arrête et quelque chose qui se trouve au-delà du mental se met à fonctionner.

Question : Amma, tu dis : « Le mental s'arrête et quelque chose qui est au-delà se met à fonctionner ». De quoi s'agit-il ?

Amma : Tu peux appeler cela le cœur, mais il s'agit d'un état passager de profond silence ; alors, le mental est calme, le flot des pensées s'arrête.

Question : Amma, quand tu emploies le mot « mental », de quoi parles-tu exactement ? S'agit-il seulement des pensées ou y a-t-il autre chose encore ?

Amma : Le mental inclut la mémoire, c'est-à-dire la réserve où est stocké le passé, la capacité de penser, de mettre en doute, de décider et le sentiment du « moi ».

Question : Qu'en est-il des émotions ?

Amma : Elle font également partie du mental.

Question : D'accord, donc quand tu dis : « Le mental ne peut pas comprendre un *mahatma* », tu veux dire que ce mécanisme complexe ne peut pas connaître l'état dans lequel est établi un *mahatma*.

Amma : Oui, le mental humain est imprévisible et trompeur. Il est extrêmement important pour un chercheur de vérité de savoir qu'il lui est impossible de reconnaître un *satguru* (un maître authentique). Il n'y a aucun critère pour cela. Un ivrogne en reconnaît un autre, deux joueurs se comprennent et deux avares se retrouvent. Ils ont le même moule mental. Mais il n'existe aucun critère qui permette de reconnaître un *satguru*. Ni les yeux physiques ni le mental ne peuvent appréhender la grandeur d'un *mahatma*. Cela exige un entraînement spécial : la *sadhana* (pratique spirituelle). Seule une *sadhana* constante nous permet de percer la surface du mental pour aller plus profond. On est alors confronté à d'innombrables couches d'émotions et de pensées. Pour traverser et transcender toutes ces strates grossières et subtiles du mental, le *sadhak* (chercheur spirituel) a besoin d'être constamment guidé par un *satguru*. Pénétrer dans les profondeurs du mental, traverser les différentes couches et en ressortir victorieux, c'est ce que l'on appelle *tapas* (les austérités). Tout cela, y compris la victoire finale, n'est possible que par la grâce inconditionnelle d'un *satguru*.

Le mental nourrit toujours des attentes. L'existence même du mental repose sur les attentes. Un *mahatma* ne cède pas aux attentes et aux désirs du mental. Pour faire l'expérience de la pure conscience du maître, ce trait naturel du mental doit disparaître.

Amma, énergie inépuisable

Question : Amma, n'as-tu jamais envie d'arrêter le travail que tu fais ?

Amma : Ce que fait Amma n'est pas un travail, c'est une adoration. L'adoration n'est qu'amour pur, ce n'est donc pas du travail. Amma vénère ses enfants comme Dieu. Mes enfants, vous êtes tous le Dieu d'Amma.

L'amour n'est pas compliqué. Il est simple, spontané, et il est en vérité notre nature même. Ce n'est donc pas un travail. Pour Amma, embrasser chacun de ses enfants est la manière la plus simple d'exprimer son amour pour eux et pour l'ensemble de la création. Travailler est fatigant et dissipe votre énergie tandis qu'aimer ne peut jamais être fatigant ni ennuyeux. Bien au contraire, cela vous remplit continuellement le cœur d'une énergie toujours plus grande. L'amour pur vous rend aussi léger qu'une plume. On ne ressent aucune lourdeur, aucun fardeau. C'est l'ego qui crée le fardeau.

Jamais le soleil ne cesse de briller ; le vent souffle lui aussi éternellement ; jamais la rivière ne cesse de couler en disant : « Ça suffit ! Je fais le même travail depuis des siècles, il est temps que cela change ! » Non, ils ne peuvent pas s'arrêter et ils continueront tant que le monde existera, parce que telle est leur nature. Ainsi,

Amma ne peut pas arrêter de donner de l'amour à ses enfants, parce qu'elle ne se lasse jamais de les aimer.

L'ennui ne survient qu'en l'absence d'amour. Alors naît le désir de changer, d'aller d'un endroit à l'autre, d'un objet à l'autre. Mais quand l'amour est présent, rien ne vieillit. Les choses gardent leur fraîcheur et leur nouveauté. Toutefois, pour Amma, l'instant présent est beaucoup plus important que ce qui est à faire le lendemain.

Question : Cela signifie-t-il que tu continueras à donner le *darshan* pendant des années ?

Amma : Tant que ces mains pourront bouger un peu et se tendre vers ceux qui viennent à elle, tant qu'il lui restera un peu de force et d'énergie pour poser la main sur l'épaule de celui qui pleure, pour le caresser et essuyer ses larmes, Amma continuera à donner le *darshan*. Caresser les gens avec amour, les consoler et essuyer leurs larmes jusqu'à la fin de ce corps physique, tel est le désir d'Amma.

Amma donne le *darshan* depuis trente-cinq ans. Par la grâce du *Paramatman* (l'Etre suprême), jusqu'à présent, Amma n'a jamais dû annuler un seul *darshan* ou programme pour cause de maladie. Amma ne s'inquiète pas de l'instant suivant. L'amour et le bonheur sont dans l'instant présent, Dieu est dans l'instant présent et la réalisation est aussi dans l'instant. Alors pourquoi s'inquiéter inutilement de l'avenir ? Ce qui se passe maintenant est beaucoup plus important que ce qui aura lieu plus tard. Quand le présent est beauté et plénitude, pourquoi s'inquiéter de l'avenir ? Qu'il se révèle naturellement, à partir du présent.

Le fils perdu et retrouvé

Le Dr Jaggou est résident à l'ashram d'Amma en Inde. Sa famille lui a récemment offert l'argent nécessaire pour voyager en Europe avec Amma. Le temps qu'il obtienne un visa, Amma et son groupe avaient déjà quitté l'Inde mais nous étions tous heureux de savoir qu'il nous rejoindrait à Anvers, en Belgique.

C'était le premier voyage de Jaggou hors de l'Inde. Il n'avait jamais pris l'avion. Nous avions donc tout arrangé pour que ceux qui allaient le chercher soient bien en avance à l'aéroport. Les dévots attendaient à la sortie de l'aéroport avec une voiture, mais Jaggou n'est jamais apparu. Les autorités de l'aéroport confirmèrent qu'un passager nommé Jaggou se trouvait bien sur le vol en provenance de Londres et qu'il avait débarqué à l'aéroport international de Bruxelles vers quatre heures de l'après-midi. Il était huit heures et nous n'avions aucune nouvelle concernant Jaggou.

Avec l'aide des employés de l'aéroport, les dévots passèrent tout l'aéroport au peigne fin.

On fit des annonces en appelant plusieurs fois son nom. Mais en vain : il n'y avait pas le moindre signe de Jaggou.

Finalement, tout le monde fut forcé de conclure que Jaggou s'était perdu quelque part, soit dans le gigantesque aéroport, soit dans la ville de Bruxelles, dans une tentative désespérée pour rejoindre le programme.

Pendant ce temps, Amma, entourée de l'ensemble du groupe qui faisait la tournée, répétait quelques nouveaux *bhajans*, tranquille et rayonnante de béatitude. Comme tout le monde était un peu inquiet et anxieux de la disparition inattendue de Jaggou, j'informai Amma au milieu de la répétition. Je m'attendais à ce qu'elle manifeste un débordement de sollicitude maternelle. Mais à mon grand étonnement, Amma se retourna et dit : « Allez, commence le chant suivant ».

Pour moi, c'était bon signe. Voyant qu'Amma restait aussi sereine qu'un printemps, je dis aux dévots : « Je pense que Jaggou est sain et sauf parce qu'Amma est parfaitement calme. S'il y avait un problème, elle aurait sans aucun doute manifesté plus d'inquiétude. »

Quelques minutes plus tard, *Brahmachari* Dayamrita vint nous annoncer : « Jaggou vient d'arriver. » Et presque aussitôt, Jaggou fit son entrée, un large sourire éclairant son long visage.

D'après le récit qu'il nous fit de son aventure, il s'était bel et bien perdu. « Quand je suis sorti de l'aéroport, il n'y avait personne. Je ne savais pas quoi faire. J'étais certes un peu inquiet, mais j'avais la forte conviction qu'Amma enverrait quelqu'un à ma rescousse dans cette situation totalement nouvelle pour moi. Fort heureusement, j'avais sur moi l'adresse du programme. Un couple a eu pitié de moi et m'a conduit jusqu'ici. »

Amma répondit : « Amma savait très bien qu'il n'y avait pas de problème et que tu trouverais un moyen de venir jusqu'ici. C'est pourquoi Amma est restée calme quand on lui a rapporté que tu avais disparu. »

Plus tard dans la soirée, je demandai à Amma comment elle avait su que Jaggou était sain et sauf. Elle dit : « Amma le savait, c'est tout. »

« Mais comment ? » Ma curiosité était piquée.

« Comme tu vois ta propre image dans un miroir, Amma a vu qu'il n'était pas en danger. »

Je demandai : « Est-ce que tu as vu que Jaggou recevait de l'aide ou bien as-tu donné à ce couple l'inspiration de l'aider ? » Mais j'eus beau faire plusieurs tentatives pour en savoir davantage, Amma ne révéla rien de plus.

La violence

Question : La violence et la guerre peuvent-elles parfois servir à créer la paix ?

Amma : La guerre n'est jamais un moyen de parvenir à la paix. Il s'agit-là d'une vérité sans faille qui nous a été démontrée par l'histoire. A moins qu'il ne se produise une transformation dans notre conscience, la paix demeurera inaccessible. Seul un mode de pensée et de vie spirituelle amènera cette transformation. Nous ne parviendrons donc jamais à améliorer une situation donnée en faisant la guerre.

La paix et la violence sont des contraires. La violence est une forte réaction, elle ne constitue jamais une réponse. Une réaction en soulève d'autres. C'est une logique très simple. Amma a entendu dire qu'en Angleterre, il existait une manière bizarre de punir les voleurs. On conduisait le coupable à un carrefour et on le fouettait nu devant une grande foule. Le but était de faire connaître à toute la ville la punition sévère encourue par les malfaiteurs. Mais il fallut bientôt changer le système parce que ces rassemblements étaient des occasions rêvées pour les pickpockets. Pendant que les gens contemplaient avidement la scène, ils en profitaient pour les détrousser. Le lieu même de la punition devenait ainsi le berceau du crime.

Question : Cela signifie-t-il qu'il ne devrait y avoir aucune punition ?

Amma : Non, non, pas du tout. Comme la majorité de la population mondiale ne sait pas utiliser la liberté d'une manière bénéfique à la société, il est bon que les gens pensent : « Je serai puni si j'enfreins la loi » et aient un peu peur. Mais si l'on choisit la voie de la violence et de la guerre pour établir la paix et l'harmonie dans la société, cela n'aura aucun effet durable. C'est que la violence engendre dans une société de profondes meurtrissures et des sentiments blessés, qui se manifestent ensuite sous la forme de violence accrue et de conflits plus graves encore.

Question : Quelle est donc la solution ?

Amma : Fais tout ce que tu peux pour élever ta conscience individuelle. Seule une conscience élargie est capable d'une réelle compréhension. Seuls de tels êtres pourront changer le point de vue de la société. C'est pourquoi la spiritualité est si importante dans notre monde actuel.

L'ignorance, voilà le problème

Question : Y a-t-il une différence entre les problèmes des gens en Inde et en Occident ?

Amma : Vus de l'extérieur, leurs problèmes sont différents. Mais le problème fondamental, la racine de tous les problèmes qui se posent partout dans le monde est bien la même. C'est l'ignorance, l'ignorance au sujet de l'*atman* (du Soi), de notre nature essentielle.

La caractéristique du monde actuel, c'est de trop s'inquiéter de la sécurité physique et pas assez de la sécurité spirituelle. Cette façon de voir doit changer. Amma ne veut pas dire qu'il ne faut pas s'occuper du corps ni de son existence physique. Il ne s'agit pas de cela. Mais le problème fondamental, c'est la confusion entre l'éternel et le transitoire. On accorde trop d'importance au corps, qui est éphémère, alors que l'*atman*, qui est éternel, est complètement oublié. Cette attitude doit changer.

Question : Vois-tu des possibilités de changement dans notre société ?

Amma : Il y a toujours des possibilités. La question importante, c'est de savoir si la société et les individus sont prêts à changer.

Dans une salle de classe, tous les élèves ont la même chance d'apprendre. Mais ce que l'élève retire du cours dépend de sa réceptivité.

Dans le monde actuel, chacun souhaite voir les autres changer d'abord. Il est difficile de trouver quelqu'un qui ressente sincèrement la nécessité d'une transformation intérieure. Au lieu de penser que c'est aux autres de changer d'abord, c'est lui-même que chacun devrait s'efforcer d'améliorer. A moins d'une transformation dans le monde intérieur, il n'y aura guère de changement dans le monde extérieur.

Mauvaise interprétation de l'humilité

Réponse à un dévot qui posait une question à propos de l'humilité.

Amma : Normalement, quand nous déclarons : « Cette personne est très humble. » cela signifie simplement : « Elle a respecté mon ego et m'a aidé à le garder intact, indemne. Je voulais qu'elle fasse quelque chose pour moi et elle l'a fait sans aucune objection. Elle est donc vraiment humble. » Voilà le sens réel de cette affirmation. Mais dès que ladite personne humble ouvre la bouche pour nous remettre en question, même si c'est tout à fait justifié, notre opinion change. Nous déclarons alors : « Elle n'est pas aussi humble que je pensais. » Ce qui signifie : « Elle a blessé mon ego, donc elle n'est pas vraiment humble. »

Sommes-nous spéciaux ?

Journaliste : Amma, penses-tu que les gens de ce pays sont spéciaux ?

Amma : Pour Amma, l'ensemble du genre humain, l'ensemble de la création est très spécial parce que le Divin est présent en chacun. Amma voit le Divin également chez les gens d'ici. Vous êtes donc tous spéciaux.

Epanouissement de soi ou du Soi ?

Question : Les méthodes et les manuels qui traitent de l'épanouissement de soi sont en vogue dans la société occidentale. Amma, voudrais-tu nous dire ce que tu en penses ?

Amma : Tout dépend de la manière dont on interprète les mots « épanouissement de soi. »

Question : Que veux-tu dire ?

Amma : S'agit-il d'épanouissement de soi ou du Soi ?

Question : Quelle est la différence ?

Amma : Le véritable épanouissement du Soi, c'est permettre au cœur de s'épanouir ; tandis que l'épanouissement de soi ne fait que renforcer l'ego.

Question : Alors que suggères-tu, Amma ?

Amma : « Accepte la vérité », dirait Amma.

Question : Je ne comprends pas.

Amma : C'est l'effet de l'ego. Il ne te permet ni d'accepter la vérité ni d'accéder à une compréhension correcte.

Question : Comment puis-je voir la vérité ?

Amma : Pour voir la vérité, il faut d'abord voir ce qui est faux.

Question : L'ego est-il réellement une illusion ?

Amma : Si Amma le dit, l'accepteras-tu ?

Dévot : Mmm... si tu veux.

Amma (*en riant*) : Si *Amma* veut ? La question est de savoir si *toi*, tu veux entendre et accepter la vérité ?

Dévot : Oui, je veux entendre et accepter la vérité.

Amma : Alors la vérité, c'est Dieu.

Question : Cela signifie que l'ego est irréel, n'est-ce pas ?

Amma : L'ego est irréel. C'est le problème que tu portes en toi.

Question : Alors chacun porte cette souffrance partout où il va ?

Amma : Oui, les êtres humains sont en train de devenir des problèmes ambulants.

Dévot : Quel est le pas suivant ?

Amma : Si tu veux renforcer l'ego, aide le petit moi à devenir fort. Si tu désires l'épanouissement du Soi, recherche l'aide de Dieu.

Dévot : Beaucoup de gens ont peur de perdre leur ego. Ils croient qu'il constitue le fondement de leur existence dans le monde.

Amma : Si tu désires vraiment l'aide de Dieu pour découvrir le Soi véritable, tu n'as pas besoin d'avoir peur de perdre ton ego, ton petit soi.

Dévot : Mais en renforçant l'ego, nous obtenons des bénéfices en ce monde, sous forme d'expériences directes et immédiates. Si en revanche nous perdons notre ego, l'expérience n'est pas aussi directe et immédiate.

Amma : C'est pourquoi la foi a une telle importance sur le chemin du Soi. Pour que tout fonctionne correctement et donne le résultat adéquat, il faut établir le bon contact et puiser à la bonne source. Dans le domaine de la spiritualité, le point de contact et la source se trouvent à l'intérieur. Trouve ce point et tu auras des expériences directes et immédiates.

L'ego n'est qu'une petite flamme

Amma : L'ego est une flamme minuscule qui peut s'éteindre à tout moment.

Question : Comment décrirais-tu l'ego dans ce contexte ?

Amma : Tout ce que nous accumulons, nom, réputation, argent, pouvoir et situation, tout cela alimente uniquement la petite flamme de l'ego, qui peut s'éteindre à tout moment. Même le corps et le mental font partie de l'ego. Leur nature est éphémère, ils font donc aussi partie de cette flamme insignifiante.

Dévot : Mais Amma, tout cela est important pour un être humain ordinaire.

Amma : Bien sûr, c'est important. Mais ce n'est pas permanent pour autant. C'est futile parce que c'est éphémère. Nous pouvons les perdre à tout moment. Le temps nous les arrachera sans préavis. Il n'y a pas de mal à s'en servir et à en profiter ; il est cependant erroné de les croire permanents. Bref, comprenons qu'il s'agit de choses éphémères et n'en soyons pas trop fiers.

L'essentiel dans la vie est d'apprendre à se relier intérieurement à ce qui est éternel et immuable : Dieu, le Soi. Dieu est la source, le centre réel de notre existence. La réalisation du Soi ne peut se produire qu'en établissant un lien avec Dieu, le vrai *bindu* (centre), et non avec la périphérie.

Question : Amma, gagne-t-on quoi que ce soit à éteindre la petite flamme de l'ego ? On risque au contraire de perdre son identité en tant qu'individu.

Amma : Bien sûr, en éteignant la petite flamme de l'ego, on perd son identité de petit individu limité. Néanmoins, ce n'est absolument rien comparé à ce que l'on obtient grâce à cette perte apparente : on y gagne le soleil de la pure connaissance, la lumière éternelle. En outre, en perdant son identité en tant que petit moi limité, on s'unit à ce qui est plus grand que le plus grand, à l'univers, à la conscience infinie. Pour que survienne cette expérience, il faut être guidé par un *satguru* (maître authentique) à chaque pas.

Question : Perdre mon identité ? N'est-ce pas une expérience effrayante ?

Amma : On ne perd que le petit moi. Il est impossible de jamais perdre le vrai Soi. C'est effrayant parce que tu es fortement identifié à l'ego. Plus l'ego est important, plus nous avons peur et plus nous sommes vulnérables.

L'actualité

Un journaliste : Amma, que penses-tu de l'actualité et des médias ?

Amma : Tout cela est très bien si les médias assument leurs responsabilités envers la société avec honnêteté, en restant fidèles à la vérité. Ils rendent alors un grand service à l'humanité.

Amma a entendu raconter une histoire : on envoya un jour une équipe d'hommes travailler dans la forêt pendant un an. Deux femmes furent engagées comme cuisinières pour assurer leurs repas. A la fin du contrat, deux des travailleurs épousèrent les cuisinières. Le lendemain, le journal titrait : « Deux pour cent des hommes épousent cent pour cent des femmes ! »

Le journaliste apprécia l'histoire et rit de bon cœur.

Amma : Ce genre de nouvelle ne pose pas de problème si c'est pour la rubrique humour mais sinon, ce n'est pas un reportage honnête.

Le bonbon et le troisième œil

Un dévot s'endormait alors qu'il essayait de méditer. Amma lui lança un bonbon. Elle visa parfaitement bien et le bonbon le toucha juste entre les sourcils. L'homme ouvrit les yeux en sursautant. Le bonbon à la main, il regarda autour de lui pour voir d'où cela avait bien pu venir. Voyant son air perdu, Amma éclata de rire. Quand l'homme comprit que le bonbon venait d'Amma, son visage s'éclaira. Il porta le bonbon à son front, comme pour se prosterner devant lui. L'instant d'après, il se mit à rire puis se leva pour aller près d'Amma.

Dévot : Le bonbon a touché juste au bon endroit, entre les sourcils, là où se trouve le centre spirituel. Cela aidera peut-être mon troisième œil à s'ouvrir.

Amma : Non.

Dévot : Pourquoi ?

Amma : Parce que tu as dit « peut-être » ; cela indique que tu doutes. Ta foi n'est pas entière. Comment cela peut-il arriver si tu n'as pas la foi ?

Dévot : Tu veux dire que, si ma foi avait été parfaite, cela serait arrivé ?

Amma : Oui. Si ta foi est absolue, la réalisation peut se produire n'importe quand, n'importe où.

Dévot : Es-tu sérieuse ?

Amma : Oui, bien sûr.

Dévot : Oh, mon Dieu... quelle occasion magnifique j'ai laissé passer !

Amma : Ne t'inquiète pas, reste conscient et vigilant. D'autres occasions se présenteront. Sois patient et persévère dans tes efforts.

L'air un peu déçu, l'homme fit demi-tour pour aller reprendre sa place.

Amma (*le rappelant d'une petite tape dans le dos*) : Et au fait, pourquoi as-tu ri tout à l'heure ?

Dévot : Pendant la méditation, je me suis mis à somnoler et j'ai fait un rêve merveilleux. J'ai rêvé que tu me lançais un bonbon pour me réveiller. Tout à coup, je suis sorti de mon sommeil. Il m'a fallu quelques instants pour comprendre que tu m'avais réellement lancé un bonbon.

Ces paroles soulevèrent un éclat de rire général auquel Amma fut la première à participer.

La nature de l'illumination

Question : Est-ce que certaines choses t'inquiètent tandis que d'autres te font plaisir ?

Amma : L'Amma extérieure s'inquiète du bien-être de ses enfants. Dans son rôle de guide spirituel, pour les aider à grandir spirituellement, il arrive qu'elle soit contente d'eux ou bouleversée. Mais l'Amma intérieure n'en est pas le moins du monde affectée, elle est détachée et demeure dans un état constant de paix et de béatitude. Pleinement consciente de l'ensemble du tableau, aucun événement extérieur ne l'affecte.

Question : On attribue à l'état ultime de réalisation beaucoup de qualificatifs, par exemple : inébranlable, ferme, immuable, inaltérable, etc. Cela semble être un état de solidité, dans lequel on devient pareil à un roc. S'il te plaît, Amma, pourrais-tu m'aider à mieux comprendre ?

Amma : Ces termes décrivent l'état intérieur de détachement, la capacité d'observer, de rester le témoin de tout ce qui arrive, de prendre de la distance par rapport aux événements de la vie.

Mais l'illumination n'est pas un état dans lequel on perd tout sentiment pour devenir une pierre. C'est un état d'esprit dans lequel on peut se retirer et rester absorbé à son gré, une prise de conscience spirituelle. Une fois que nous sommes reliés à la source infinie d'énergie, notre aptitude à ressentir, à manifester un sentiment acquiert une beauté et une profondeur spéciales, qui ne sont pas de ce monde. Si un être réalisé le désire, il peut exprimer les émotions avec autant d'intensité qu'il le souhaite.

Sri Rama pleura quand le démon-roi Ravana enleva sa divine compagne Sita. Comme l'aurait fait un mortel ordinaire, il se lamentait et demandait à chaque créature de la forêt : « As-tu vu ma bien-aimée Sita ? Où est-elle partie en me laissant seul ? » Les yeux de Krishna se remplirent de larmes quand il revit son cher ami Sudama après une longue séparation. On trouve des épisodes similaires dans la vie du Christ et dans celle de Bouddha. Illimités comme l'espace infini lui-même, ces *mahatmas* étaient libres de refléter toute émotion de leur choix. Il ne s'agissait pas d'une réaction, mais d'un reflet.

Dévot : D'un reflet ?

Amma : Comme un miroir, les *mahatmas* répondent aux situations avec une spontanéité parfaite. Manger quand on a faim est une réponse à la situation. Manger chaque fois que l'on voit de la nourriture est une réaction. C'est aussi une maladie. Le *mahatma*, lui, répond à la situation sans en être affecté, puis passe à autre chose l'instant suivant.

Le fait de ressentir et d'exprimer des émotions, de les manifester avec sincérité, ne fait qu'ajouter à la splendeur et à la gloire spirituelles d'un être réalisé. C'est une erreur de considérer cela comme une faiblesse ; mieux vaut le voir comme une expression bien plus humaine de leur compassion et leur amour. Comment les êtres humains ordinaires pourraient-ils, sinon, ressentir leur sollicitude et leur amour ?

Celui qui voit

Question : Qu'est-ce qui nous empêche de faire l'expérience de Dieu ?

Amma : Le sentiment de « l'autre ».

Question : Comment nous en libérer ?

Amma : En devenant de plus en plus conscient.

Question : Conscient de quoi ?

Amma : Conscient de tout ce qui se passe à l'intérieur et à l'extérieur.

Question : Comment devenir plus conscient ?

Amma : Une prise de conscience se produit quand on comprend que toutes les projections du mental n'ont aucun sens.

Question : Amma, les Ecritures déclarent que le mental est inerte mais tu dis qu'il projette. Les deux affirmations semblent contradictoires. Si le mental est inerte, comment peut-il projeter ?

Amma : Exactement comme les gens, surtout les enfants, projettent différentes formes dans le ciel infini. Regardant le ciel, les petits enfants s'écrient : « Voilà un chariot ! Et là un démon ! Oh, regarde, le visage lumineux de cet être céleste ! etc. » Cela signifie-t-il que ces formes existent vraiment dans le ciel ? Non, elles ne sont que le fruit de l'imagination des enfants. En réalité, ce sont les nuages qui prennent des formes différentes. Le ciel, l'espace infini est ; les noms et les formes sont surimposés sur cette toile de fond.

Question : Mais si le mental est inerte, comment peut-il surimposer quoi que ce soit sur l'*atman* ou même le voiler ?

Amma : Le mental semble voir et pourtant, celui qui voit réellement, c'est l'*atman*. On peut comparer les tendances accumulées, qui incluent le mental, à une paire de lunettes. Chacun porte une couleur de verres différente. Selon cette couleur, nous voyons et jugeons le monde. Derrière ces lunettes, l'*atman* demeure, témoin immobile illuminant toute chose de sa présence. Mais nous prenons le mental pour l'*atman*. Si nous portons des lunettes de soleil roses, nous verrons bien le monde en rose, n'est-ce pas ? Dans cet exemple, qui est celui qui voit ? C'est « nous » qui voyons et les lunettes sont inertes, tu es d'accord ?

Si nous nous mettons derrière un arbre, nous ne verrons pas le soleil. Cela implique-t-il que l'arbre peut cacher le soleil ? Non, cela indique simplement que nos yeux, notre vision, sont limités. Le sentiment que le mental peut cacher l'*atman* est une illusion du même genre.

Question : Si notre nature est l'*atman*, pourquoi devons-nous faire des efforts pour le connaître ?

Amma : Les êtres humains font l'erreur de croire qu'ils peuvent arriver à tout par l'effort. En réalité, l'effort est l'orgueil qui est en nous. Dans notre voyage vers Dieu, tous les efforts qui proviennent de l'ego sont réduits en miettes et aboutissent à l'échec. Il s'agit là d'un message divin qui nous indique que l'abandon de soi et la grâce sont nécessaires. Cela nous permet finalement de comprendre les limites de nos efforts, de notre ego. Bref, l'effort nous enseigne que les efforts à eux seuls ne suffisent pas pour atteindre le but. En définitive, le facteur déterminant, c'est la grâce.

Qu'il s'agisse de réaliser Dieu ou de satisfaire des désirs profanes, c'est la grâce qui nous amène au but.

L'innocence est la shakti divine

Question : Un être innocent peut-il être faible ?

Amma : La notion d'« innocence » est bien souvent interprétée de manière fausse. On emploie même ce mot pour désigner des personnes timorées, incapables de réagir. D'ordinaire, on considère les gens ignorants et illettrés comme innocents. Mais l'ignorance n'est pas l'innocence. L'ignorance, c'est le manque d'amour réel, de discernement et de compréhension, tandis que la véritable innocence, c'est l'amour pur doté de discernement et de compréhension. C'est *shakti* (l'énergie divine). Même une personne timorée a un ego. Un être vraiment innocent est un être sans ego. C'est pourquoi il est le plus puissant de tous.

Amma ne peut pas être autrement

Amma (*A une dévote pendant le darshan*) : A quoi penses-tu ?

Dévote : Je me demandais comment tu peux rester assise pendant des heures et des heures, avec une patience absolue, et être toujours aussi rayonnante.

Amma (*en riant*) : Ma fille, comment se fait-il que tu penses en permanence, sans jamais t'arrêter ?

Dévote : Cela se fait tout seul. Je ne peux pas être autrement.

Amma : Voilà la réponse : cela se fait tout seul. Amma ne peut pas être autrement.

Reconnaître la Bien-Aimée

Un homme posa une question au sujet de la relation entre Dieu – le Bien-Aimé – et le chercheur spirituel – l'Amoureux – dans la voie de la Dévotion.

Amma : L'amour peut naître n'importe où, n'importe quand. C'est comme si tu reconnaissais ta bien-aimée au milieu d'une foule. Elle est là, entourée de milliers de personnes, mais tes yeux ne voient qu'elle. Tu la reconnais, tu communiques avec elle et vous tombez amoureux l'un de l'autre, n'est-ce pas ? Tu ne penses pas, les pensées s'arrêtent et soudain, pendant quelques instants, tu es dans le cœur. Tu es dans l'amour. D'une manière similaire, tout arrive en une fraction de seconde. Tu es là, au centre de ton cœur, qui est amour pur.

Question : Si c'est cela le vrai centre de l'amour, alors qu'est-ce qui nous pousse à nous en écarter, qu'est-ce qui nous en distrait ?

Amma : La possessivité. En d'autres termes, l'attachement. Il tue la beauté de cette expérience pure. Une fois que l'attachement domine, tu t'égares et l'amour devient une souffrance.

La notion de « l'autre »

Question : Est-ce que j'atteindrai le *samadhi* (l'illumination) dans cette vie ?

Amma : Pourquoi pas ?

Question : Alors que dois-je faire pour accélérer le processus ?

Amma : D'abord, oublie le *samadhi* et concentre-toi sur ta *sadhana* (tes pratiques spirituelles) avec une foi solide. Un vrai *sadhak* (chercheur spirituel) croit plus au présent qu'au futur. Quand nous plaçons notre foi dans le présent, toute notre énergie devient disponible ici et maintenant. Le résultat, c'est l'abandon de soi. Si on s'abandonne au moment présent, le *samadhi* se produit.

Tout arrive spontanément quand on prend de la distance par rapport au mental. Ensuite, on reste complètement dans le présent. Le mental, c'est « l'autre » en toi. C'est le mental qui crée la notion de « l'autre ».

Amma va te raconter une histoire : il était une fois un architecte renommé. Il avait plusieurs étudiants. L'architecte avait une attitude particulière avec l'un d'eux. Il n'entreprenait aucun travail sans l'approbation de cet élève. Si celui-ci rejetait un dessin ou une esquisse, l'architecte l'abandonnait aussitôt. Il faisait croquis sur croquis jusqu'à ce que son élève dise « oui ». C'était devenu une obsession : il fallait qu'il lui demande son opinion. Il n'avançait pas d'un pas avant que l'élève lui ait dit : « Oui, monsieur, vous pouvez continuer sur ce dessin. »

On leur demanda un jour de dessiner les portes d'un temple. L'architecte fit plusieurs esquisses. A son habitude, il les montra à son élève, qui les rejeta toutes. Il travailla jour et nuit et fit des centaines de dessins mais aucun ne plaisait à l'étudiant. Le temps passait et la date où ils devaient remettre le projet approchait. L'architecte envoya l'élève remplir son stylo à encre, ce qui prit un certain temps. Pendant ce temps, l'architecte se concentrait sur un nouveau croquis. Quand l'étudiant revint, il venait de finir le nouveau projet. Il le montra à son élève en lui demandant : « Et cela, qu'en penses-tu ? »

« Oui, c'est cela ! » dit l'étudiant, enthousiaste.

« Maintenant je comprends ! dit l'architecte. J'étais comme obsédé par ta présence et ton opinion, je n'étais donc pas totalement présent à ce que je faisais. Pendant ton absence, je me suis senti libre, détendu, et j'ai pu m'abandonner au présent. Alors l'inspiration a pu venir. »

En réalité, l'obstacle n'était pas la présence de l'élève, mais l'attachement de l'architecte à son opinion. Dès qu'il a pu prendre un peu de distance, il s'est tout de suite retrouvé dans le présent et une création authentique a pu avoir lieu.

Tu crois que le *samadhi* est un événement qui aura lieu dans le futur et tu y rêves pendant ta méditation. Tu perds ainsi beaucoup de *shakti* (énergie divine). Canalise cette *shakti* correctement, emploie-la à te concentrer sur le moment présent et c'est ainsi que la méditation, le *samadhi,* se produira. Le but n'est pas dans le futur, il est dans le présent. Etre dans le présent, c'est le *samadhi*, c'est la vraie méditation.

Dieu est-Il masculin ou féminin ?

Question : Amma, Dieu est-Il masculin ou féminin ?

Amma : Dieu n'est ni l'un ni l'autre. Dieu est au-delà de définitions aussi limitées. Dieu est « Cela ». Mais s'il faut attribuer un genre à Dieu, le féminin est plus approprié, parce qu'il contient le masculin.

Dévot : Une telle affirmation pourrait irriter les hommes car elle met les femmes sur un piédestal.

Amma : On ne devrait mettre ni les hommes ni les femmes sur un piédestal car Dieu a donné à chacun d'eux une place tout aussi digne d'adoration, et qui est la sienne. Hommes et femmes n'ont pas été créés pour entrer en compétition, mais pour se compléter.

Question : Qu'entends-tu par « se compléter » ?

Amma : Cela signifie s'apporter un soutien mutuel pour voyager ensemble vers la perfection.

Question : Amma, ne crois-tu pas que beaucoup d'hommes se sentent supérieurs aux femmes ?

Amma : Les sentiments de supériorité ou d'infériorité relèvent tous deux de l'ego. Si les hommes se sentent supérieurs aux femmes, cela prouve uniquement que leur ego est énorme. Il s'agit-là d'une faiblesse à la fois importante et destructrice. Et si les femmes pensent qu'elles sont inférieures aux hommes, cela veut simplement dire : « Nous sommes inférieures maintenant, et en fait, nous voulons être supérieures. » Qu'est-ce que cela, sinon une manifestation de l'ego ? Ces deux attitudes sont inadéquates et malsaines. Elles ne feront qu'accentuer le gouffre entre hommes et femmes. Si nous ne comblons pas le gouffre en traitant hommes et femmes avec le respect et l'amour qui conviennent, l'avenir de l'humanité en sera obscurci.

La spiritualité crée l'équilibre

Question : Amma, tu as dit que Dieu était plus féminin que masculin. Tu ne parlais pas de l'apparence extérieure, n'est-ce pas ?

Amma : Non, il ne s'agit pas de cela. C'est la réalisation intérieure qui compte. Il y a une femme en chaque homme et inversement. La femme en l'homme, c'est-à-dire l'amour et la compassion véritables, doivent s'éveiller. Tel est le sens de l'*ardhana-rishwara* (dieu moitié masculin, moitié féminin) de la religion hindoue. Si le côté féminin d'une femme est endormi, elle n'est pas une mère et elle est coupée de Dieu. Si cet aspect est éveillé chez un homme, il est plus maternel et il est plus proche de Dieu. Cela s'applique tout autant au masculin. Tout le propos de la spiritualité est de créer le bon équilibre entre le masculin et le féminin. Donc, l'éveil intérieur de la conscience est plus important que l'apparence extérieure.

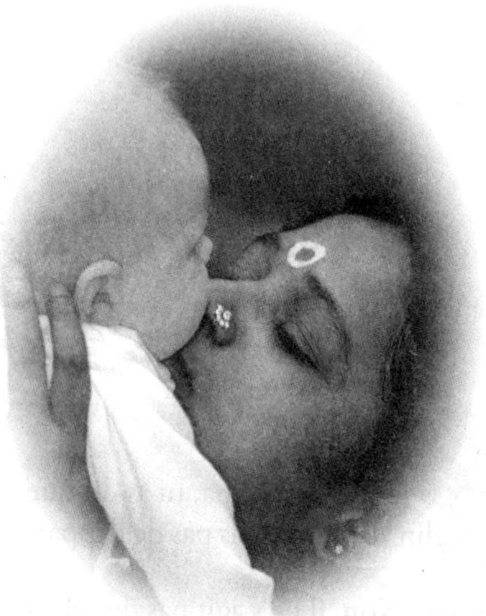

L'attachement et l'amour

Un homme d'âge moyen confiait à Amma la tristesse qu'il ressentait après son divorce.

Dévot : Amma, je l'aimais tant, j'ai fait tout ce que je pouvais pour la rendre heureuse. Malgré cela, me voilà confronté à cette tragédie. Je suis parfois désespéré. Je t'en prie, aide-moi. Que dois-je faire ? Comment puis-je surmonter cette douleur ?

Amma : Fils, Amma comprend ta souffrance et ta détresse. Il est difficile de surmonter une situation aussi douloureuse. Mais il est également important de comprendre correctement cette expérience, d'autant plus qu'elle est devenue pour toi un écueil.

Le point essentiel sur lequel tu dois réfléchir, c'est de savoir si cette tristesse provient de l'amour vrai ou bien de l'attachement. L'amour vrai ne connaît pas la souffrance auto-destructrice parce qu'alors, tu l'aimes simplement, sans la posséder. Tu es sans doute trop attaché à elle, trop possessif. C'est l'origine de ta tristesse et de ta dépression.

Dévot : As-tu une méthode ou une technique simple à me conseiller pour surmonter cette douleur auto-destructrice ?

Amma : « Est-ce que j'aime vraiment ou est-ce que je suis trop attaché ? » Pose-toi la question aussi profondément que possible. Médite là-dessus. Tu comprendras bien vite que l'amour que nous connaissons est en réalité de l'attachement. La plupart des gens sont avides d'attachement et non d'amour vrai. Selon Amma, il s'agit donc d'une illusion. D'une certaine manière, nous nous trahissons nous-mêmes. Nous prenons l'attachement pour de l'amour. L'amour est le centre et l'attachement la périphérie. Demeure au centre et détache-toi de la périphérie. La douleur disparaîtra.

Dévot (*Comme s'il confessait quelque chose*) : Tu as raison. Je me rends compte que, comme tu viens de l'expliquer, le sentiment prédominant que j'éprouve envers mon ex-femme est de l'attachement et non de l'amour.

Amma : Puisque tu as découvert la cause profonde de ta souffrance, lâche-la et sois libre. La maladie a été diagnostiquée, l'infection détectée, maintenant opère-la . Pourquoi vouloir porter ce fardeau inutile ? Il te suffit de le jeter.

Comment surmonter les dangers de la vie

Question : Amma, comment puis-je reconnaître les dangers imminents ?

Amma : En aiguisant ta faculté de discernement.

Question : Le discernement et la subtilité du mental sont-ils une seule et même chose ?

Amma : Le discernement est la faculté de rester vigilant dans le présent.

Question : Mais Amma, comment cela peut-il m'avertir des dangers futurs ?

Amma : Si tu es vigilant dans le présent, tu seras confronté à moins de dangers dans le futur. Toutefois, tu ne peux pas échapper à tout danger ni éviter tous les ennuis.

Question : Est-ce que *jyotish* (l'astrologie védique) nous aide à mieux comprendre le futur et donc à éviter d'éventuels dangers ?

Amma : Même les experts en ce domaine traversent des périodes difficiles. Certains astrologues ont très peu de discernement et d'intuition. Ils mettent en danger leur vie et celles des autres. Pour éviter les dangers, il ne suffit pas de connaître l'astrologie ni de faire faire son horoscope. Approfondir notre compréhension de la vie, affronter avec discernement les différentes situations auxquelles nous sommes confrontés, tel est le seul moyen de goûter plus de paix et d'avoir moins de problèmes.

Question : Le discernement et la compréhension, est-ce la même chose ?

Amma : Oui, c'est la même chose. Plus tu es capable de discerner, plus ta compréhension augmente et vice-versa.

Plus tu parviens à rester dans le présent, plus tu es vigilant, plus il t'est révélé. Tu reçois alors plus de messages du divin. Chaque instant t'apporte de tels messages. Si tu es ouvert et réceptif, tu peux les percevoir.

Question : Amma, veux-tu dire que ces révélations nous aideront à reconnaître d'éventuels dangers à venir ?

Amma : Oui, ces révélations te donneront des indications et des signaux de danger.

Question : Quel genre d'indications et de signaux ?

Amma : Comment sais-tu que tu vas avoir la migraine ? Tu te sens mal à l'aise, tu vois des taches noires, n'est-ce pas ? Une fois que les symptômes se manifestent, tu prends le médicament adéquat et il t'aide. De même, avant un échec ou un danger, des signaux apparaissent. En général, les gens ne les voient pas. Mais si ton mental est plus clair et réceptif, tu peux les voir et prendre les mesures nécessaires pour surmonter le danger.

On a raconté à Amma l'anecdote suivante : Un journaliste interviewait un homme d'affaires qui avait réussi. Il lui demanda : « Monsieur, quel est le secret de votre réussite ? »

L'homme d'affaires : « Il tient en deux mots. »

Le journaliste : « Lesquels ? »

L'homme d'affaires : « De bonnes décisions »

Le journaliste : « Comment prendre de bonnes décisions ? »

L'homme d'affaires : « Un mot »

Le journaliste : « Lequel ? »

L'homme d'affaires : « L'expérience »

Le journaliste : « Comment acquérir cette expérience ? »

L'homme d'affaires :« Deux mots. »

Le journaliste : « Lesquels ? »

L'homme d'affaires : « De mauvaises décisions »

Tu vois donc, mon fils, tout dépend de ta manière d'accepter les situations, de les comprendre et de lâcher prise.

Voici une autre histoire : Les Kauravas furent invités par Youdhishtira à visiter Indraprastha, la capitale royale des Pandavas*. Le palais était conçu de manière si ingénieuse qu'à certains endroits, le sol tout à fait normal avait l'apparence d'un lac magnifique.

En revanche, en d'autres endroits, des bassins remplis d'eau semblaient des sols ordinaires. L'ensemble avait quelque chose de surréaliste. Quand les cent frères Kauravas conduits par leur aîné, Duryodhana, traversèrent le magnifique jardin, ils faillirent se dévêtir pour aller nager, croyant se trouver devant un bassin. Il s'agissait néanmoins d'un sol conçu en trompe-l'œil. Mais peu après

* Les Pandavas et les Kauravas sont les deux clans qui s'affrontèrent dans la guerre du Mahabharata.

ils tombèrent tous, y compris Duryodhana, dans un vrai bassin qui avait l'apparence d'un sol ferme. Ils se retrouvèrent complètement trempés. Panchali, la femme des cinq frères Pandavas, éclata de rire en voyant cette scène comique. Duryodhana et ses frères ressentirent cela comme une grave offense.

Cet incident contribua à déclencher la colère et le désir de revanche des frères Kauravas et fut par conséquent une des causes principales de la guerre du Mahabharata et de la destruction immense qui s'ensuivit.

Cette histoire est très significative. Dans la vie aussi nous sommes confrontés à de nombreuses situations qui nous semblent dangereuses. Nous prenons alors diverses mesures de précaution. Il arrive pourtant que ces situations s'avèrent inoffensives. En d'autres circonstances, ce qui nous semblait sûr se révèle finalement très précaire. Tout est signe. C'est pourquoi il est si important de faire preuve de *shraddha* (finesse dans le discernement, la vigilance et la présence) face à la vie et aux expériences variées qu'elle nous apporte.

N'accaparez pas la richesse de Dieu

Question : Le fait d'accumuler et de posséder est-il un péché ?

Amma : Tant que l'on fait preuve de compassion, ce n'est pas un péché. En d'autres termes, il faut être prêt à partager avec les pauvres, avec ceux qui sont dans le besoin.

Question : Sinon ?

Amma : Sinon c'est un péché.

Question : Pourquoi ?

Amma : Parce que tout ce qui existe appartient à Dieu. Nous ne sommes que des propriétaires temporaires. Tout va et vient.

Question : Mais Dieu ne souhaite-t-Il pas que nous utilisions tout ce qu'il a créé pour nous ?

Amma : Si, bien sûr, mais Il ne veut pas que nous en fassions mauvais usage. Tout en profitant de la création, Dieu veut que nous employions notre discernement.

Question : Qu'est-ce que le discernement ?

Amma : Le discernement consiste à se servir de ses connaissances sans se laisser égarer par elles. En d'autres termes, discerner, c'est utiliser son savoir pour distinguer entre le *dharma* et l'*adharma* (ce qui est juste et ce qui ne l'est pas), entre l'éphémère et l'éternel.

Question : Comment utiliser les objets du monde avec discernement ?

Amma : Renonce à l'idée d'être propriétaire. Considère que tout appartient à Dieu et profite de ce que tu as. Ce monde n'est qu'une étape provisoire. Nous sommes ici pour peu de temps, en simples visiteurs. A cause de notre ignorance, nous divisons tout, chaque pouce de terrain : il y a ce qui est à nous et ce qui est aux autres. Le terrain dont tu revendiques la propriété a appartenu à bien d'autres avant toi. Maintenant, les anciens propriétaires y sont enterrés. Même si c'est aujourd'hui ton tour de jouer le rôle du propriétaire, rappelle-toi que toi aussi, un jour, tu disparaîtras. Une autre personne enfilera alors ton costume. N'est-il pas insensé de se proclamer propriétaire ?

Question : Quel rôle suis-je donc sensé jouer ?

Amma : Sois le serviteur de Dieu. C'est Dieu qui nous donne tout et Il veut que nous partagions Sa richesse avec tous. Si telle est la volonté de Dieu, qui es-tu pour décider de la garder pour toi ? Si tu vas à l'encontre de la volonté de Dieu en refusant de partager, tu accapares cette richesse, ce qui revient à la dérober. Considère-toi comme un visiteur en ce monde.

Un homme alla un jour rendre visite à un *mahatma*. Voyant que la maison ne contenait aucun meuble, aucune décoration, le visiteur s'étonna :

- C'est étrange, pourquoi n'y a-t-il donc aucun meuble ici ?
- Qui es-tu ? lui demanda le sage.
- Je suis un visiteur, répondit l'homme.
- Eh bien moi aussi, dit le *mahatma*. Alors pourquoi devrais-je stupidement accumuler des objets ?

Amma et la nature

Question : Quelle est ta relation avec la nature ?

Amma : Le lien d'Amma avec la nature n'est pas une relation ; c'est une unité absolue. Qui aime Dieu aime aussi la nature, parce que les deux ne font qu'un. Une fois que l'on a atteint l'illumination, on est relié à tout l'univers. Dans la relation d'Amma avec la nature, il n'y a pas « l'amant et l'aimée », seulement l'amour. Il n'y a pas « deux » mais seulement un ; il n'y a que l'amour.

Généralement, les relations entre les êtres sont dépourvues d'amour vrai. Dans les relations ordinaires, il y a deux entités, on pourrait même dire trois : l'amant, l'aimée et l'amour. Mais dans l'amour réel, l'amant et l'aimée disparaissent et ce qui demeure est une expérience constante d'amour pur et inconditionnel.

Question : Que représente la nature pour les êtres humains ?

Amma : La nature permet aux humains de vivre. Elle fait partie intégrante de notre existence. Il y a une relation mutuelle à tout instant et à tous les niveaux. Non seulement nous dépendons totalement de la nature, mais nous influons sur elle et réciproquement. Lorsque nous aimons réellement la nature, elle répond avec bonté et nous offre ses ressources infinies. Et comme lorsque nous aimons vraiment quelqu'un, nous devrions faire preuve dans notre amour envers la nature d'une loyauté, d'une patience et d'une compassion infinies.

Question : Cette relation, est-ce un échange ou un soutien mutuel ?

Amma : Il s'agit des deux à la fois et de bien plus encore. Même si les êtres humains disparaissent, la nature continuera à exister. Elle sait prendre soin d'elle-même. Mais les humains ont besoin du soutien de la nature pour exister.

Question : Que se passera-t-il si l'échange entre la nature et les êtres humains devient parfait ?

Amma : La nature cessera de nous cacher ses trésors infinis. Elle nous donnera accès à sa richesse naturelle et nous permettra d'en profiter. Comme une mère, elle nous protègera, elle prendra soin de nous et nous nourrira.

Dans une relation parfaite entre l'humanité et la nature, il naît un champ énergétique circulaire dans lequel les deux se fondent. En d'autres termes, quand les êtres humains tomberont amoureux de la nature, elle tombera amoureuse de nous.

Question : Qu'est-ce qui pousse les gens à agir aussi cruellement envers la nature ? Est-ce l'égoïsme ou le manque de compréhension ?

Amma : Les deux. Il s'agit en fait d'un manque de compréhension qui se manifeste par des actions égoïstes.

Au fond, c'est l'ignorance. Par ignorance, les gens s'imaginent que la nature est un endroit où ils peuvent prendre ce qu'ils veulent sans jamais rien donner en échange. La plupart des êtres humains ne connaissent pas d'autre langage que l'exploitation. A cause de leur égoïsme absolu, ils sont incapables de prendre en considération leurs frères humains. Dans le monde actuel, notre relation avec la nature n'est rien d'autre qu'un prolongement de l'égoïsme qui nous habite.

Question : Qu'entends-tu par « prendre les autres en considération » ?

Amma : L'éveil de la compassion. Pour prendre les autres en considération, qu'il s'agisse de la nature ou des êtres humains, l'essentiel est d'être relié à sa propre conscience. La « conscience », c'est en vérité la faculté de voir autrui comme soi-même. Comme on voit son reflet dans un miroir, on perçoit l'autre comme soi-même. Tel un miroir, on « reflète » alors les autres, leurs sentiments, que ce soit la joie ou la douleur. Nous avons besoin de développer cette faculté dans notre relation avec la nature.

Question : Les habitants de ce pays étaient à l'origine les Indiens d'Amérique. Ils vénéraient la nature et avaient un lien profond avec elle. Penses-tu que nous devrions faire de même ?

Amma : Chacun doit agir en fonction de son tempérament. La nature est toutefois une partie de la vie, une partie du tout. En vérité, la nature est Dieu. Vénérer la nature, c'est vénérer Dieu.

Sri Krishna nous a donné une grande leçon en adorant le Mont Govardhana : l'adoration de la nature devrait faire partie de notre vie quotidienne. Il a demandé à son peuple de vénérer le Mont Govardhana parce que celui-ci les avait protégés. Sri Rama, avant de construire le pont sur la mer, se livra à des austérités sévères pendant trois jours pour gagner la faveur de l'océan.

Même les *mahatmas* accordent énormément de respect et

de considération à la nature ; ils invoquent sa bénédiction avant d'entreprendre quoi que ce soit. Il y a en Inde des temples consacrés aux oiseaux, aux animaux, aux arbres et même aux lézards et aux serpents venimeux. Leur existence souligne l'importance du lien entre les humains et la nature.

Question : Que nous conseilles-tu, Amma, pour rétablir une relation harmonieuse entre les êtres humains et la nature ?

Amma : Faisons preuve de compassion et de respect. Prenons dans la nature uniquement ce dont nous avons vraiment besoin et essayons de le lui rendre dans la mesure du possible car ce n'est qu'en donnant que nous recevrons. Une bénédiction nous vient en réponse à notre manière d'agir. Si nous allons vers la nature avec amour, en la considérant comme la vie, comme Dieu, comme une part de notre existence, alors elle deviendra notre meilleure amie, une amie à laquelle nous pourrons toujours faire confiance et qui ne nous trahira jamais. Mais si notre attitude envers la nature est incorrecte, alors au lieu de recevoir une bénédiction, nous obtiendrons une réaction négative. Si nous n'y prenons pas garde, la nature se retournera contre le genre humain et les conséquences pourraient être désastreuses.

Les mauvaises actions des humains et leur mépris total de la nature ont déjà provoqué la disparition de nombreuses belles créations divines. Si nous continuons à agir ainsi, nous paverons la voie à un désastre.

Sannyas, le sommet de l'existence humaine

Question : Qu'est-ce que *sannyas* ?

Amma : *Sannyas* est le sommet de l'existence humaine. C'est l'accomplissement de la vie humaine.

Question : S'agit-il d'un état mental particulier ou bien d'autre chose ?

Amma : *Sannyas* est à la fois un état mental et un état sans mental.

Question : Amma, comment décrirais-tu cet état... ou ce dont il s'agit ?

Amma : Même les expériences qui ont trait à ce monde sont difficiles à dépeindre, alors comment serait-il possible de décrire *sannyas*, la forme suprême d'expérience ? C'est un état dans lequel on jouit intérieurement d'une parfaite liberté de choix.

Question : Amma, je sais que je pose trop de questions, mais qu'entends-tu par « une intime liberté de choix » ?

Amma : Les êtres humains sont esclaves de leurs pensées. Le mental n'est rien d'autre qu'un flot constant de pensées. La pression exercée par ces pensées fait d'eux les victimes impuissantes des situations extérieures. Chacun est rempli d'innombrables pensées et émotions, certaines subtiles, d'autres grossières. Incapables de les examiner et de discerner entre les bonnes et les mauvaises, entre celles qui sont constructives et celles qui sont destructrices, la plupart des gens tombent facilement sous l'emprise d'impulsions néfastes et s'identifient à des émotions négatives. Dans l'état suprême de *sannyas*, on a le choix de s'identifier à chaque émotion, à chaque pensée, ou de rester détaché. On est libre de coopérer ou non avec chaque pensée, chaque émotion et chaque situation donnée. Même si on choisit de s'identifier, à tout instant, on peut décider de ne plus le faire et d'aller de l'avant. Voilà en vérité, en quoi consiste la liberté parfaite.

Question : Quelle est la signification du vêtement de couleur ocre que portent les *sannyasis* ?

Amma : Il indique l'objectif intérieur, le but que l'on désire atteindre. Cela signifie aussi que rien de ce que l'on peut obtenir en ce monde ne vous intéresse plus ; c'est déclarer ouvertement que l'on a consacré sa vie à Dieu et à la réalisation du Soi. Cela signifie que le corps et l'esprit ont été consumés dans le feu de *vairagya* (le détachement) et que l'on n'appartient plus à aucune nation, à aucune caste, à aucune croyance, secte ou religion particulière. Mais *sannyas* ne se réduit pas au port de vêtements de couleur.

Cette robe n'est qu'un symbole indiquant un état d'être, l'état transcendantal. *Sannyas* indique un changement intérieur dans l'attitude que l'on a face à la vie et dans la manière de la percevoir. L'ego disparaît complètement. Dès lors, on ne s'appartient plus, on appartient au monde. Votre vie devient une offrande, elle est consacrée au service de l'humanité. Dans cet état, on n'attend rien de personne, on n'exige rien. Dans l'état authentique de *sannyas*, on devient plus une présence qu'une personnalité.

Lors de la cérémonie au cours de laquelle le maître lui donne l'initiation, le disciple coupe la petite mèche de cheveux qu'il a toujours gardée à l'arrière de la tête. Puis il offre et la petite mèche de cheveux et son cordon sacré* dans le feu sacrificiel, ce qui symbolise l'abandon de tout attachement au corps, au mental, à l'intellect et à tous les plaisirs, en ce monde et au-delà.

Les *sannyasins* sont censés faire pousser leurs cheveux ou bien se raser la tête. Autrefois, ils se laissaient pousser les cheveux sans les peigner. Ils manifestaient ainsi leur détachement par rapport au corps. Un *sannyasi* ne s'intéresse plus à la beauté du corps, parce que la vraie beauté réside dans la connaissance de l'*ạtman*. Le corps change, il est voué à périr. A quoi bon y être inutilement attaché quand notre nature est le Soi immuable et immortel ?

Notre attachement à ce qui est éphémère est la cause de tous nos chagrins, de toutes nos souffrances. Un *sannyasi* est celui qui a pris conscience de cette grande vérité, de la nature éphémère du monde extérieur et de la nature éternelle de la conscience, qui donne sa beauté et son charme à tout ce qui est.

Le *sannyas* authentique n'est pas une chose que l'on peut donner. C'est plutôt un état de conscience.

Question : Est-ce un état que l'on atteint ?

Amma : Tu poses de nouveau la même question. *Sannyas* est le point culminant de toutes les préparations que l'on désigne par le mot *sadhana* (pratiques spirituelles).

Vois-tu, nous ne pouvons atteindre que ce qui nous est extérieur. L'état de *sannyas* est le cœur de notre existence, c'est ce que nous sommes réellement. Tant que tu n'y es pas plongé, tu auras peut-être l'idée d'un état qu'il faut atteindre, mais une fois que la vraie connaissance t'aura été révélée, tu comprendras qu'il s'agit de ton être véritable et que tu n'en as jamais été séparé, que toute séparation était impossible.

---

* Le *yagnopavitam* est composé de trois fils. Il se porte en diagonale sur le corps et représente les responsabilités envers la famille, la société et le *guru*.

La capacité de connaître ce que nous sommes réellement demeure en chacun de nous. Nous sommes plongés dans un état d'oubli. Il faut que quelqu'un nous rappelle la puissance infinie qui est en nous.

Imaginons un mendiant qui se nourrit des aumônes qu'il recueille dans la rue. Un étranger l'aborde un jour et lui dit : « Hé, que fais-tu donc ? Tu n'es ni un mendiant, ni un bohémien errant. Tu es milliardaire. »

Le mendiant ne croit pas l'étranger et s'en va en l'ignorant complètement. Mais l'étranger, plein d'amour, insiste, c'est-à-dire qu'il le suit et lui dit : « Fais-moi confiance. Je suis ton ami et je veux t'aider. Ce que je te dis est la vérité. Tu es réellement un homme très riche et le trésor qui t'appartient se trouve tout près de toi. »

Ces paroles éveillent la curiosité du mendiant qui demande : « Tout près de moi ? Où donc ? »

« A l'intérieur de ta hutte, répondit l'étranger, il suffit que tu creuses un peu pour que cette richesse t'appartienne éternellement. »

Alors le mendiant, sans perdre une minute, rentre chez lui et déterre le trésor.

L'étranger symbolise le Maître authentique qui nous donne l'information juste, qui nous convainc, nous persuade et nous invite à creuser pour trouver le trésor sans prix enfoui en nous. Nous sommes dans un état d'oubli. Le *guru* nous aide à savoir qui nous sommes réellement.

Il n'y a qu'un seul dharma

Question : Existe-t-il différents *dharmas* ?

Amma : Non, il n'y a qu'un seul *dharma*.

Question : Mais les gens parlent de différents *dharmas* ?

Amma : C'est parce qu'ils ne voient pas la réalité unique. Ils ne voient que la pluralité, la diversité des noms et des formes.

Cependant, selon les *vasanas* (tendances) de chacun on peut dire qu'il y a plus d'un *dharma*. Un musicien par exemple, dira peut-être que la musique est son *dharma* ou bien encore un homme d'affaires que les affaires constituent son *dharma*. Et c'est juste. Toutefois, rien de tout cela ne peut nous combler. Ce qui nous apporte la satisfaction ou le contentement absolu, c'est le vrai *dharma*. Quoi que l'on fasse, à moins de trouver le contentement en soi-même, la paix nous échappe et le sentiment qu'il « manque quelque chose » persiste. Rien, aucune réussite en ce monde, ne peut combler ce vide intérieur. Pour connaître la plénitude, il faut trouver son centre intérieur. C'est cela, le vrai *dharma*. Tant qu'on ne l'a pas accompli, on ne fait que tourner en rond et revenir toujours au même point, en quête de la paix et de la joie.

Question : Si on suit le *dharma* sans faillir, cela nous procure-t-il à la fois la prospérité matérielle et le progrès spirituel ?

Amma : Oui, suivre le *dharma* au vrai sens du terme permet sans aucun doute d'obtenir les deux.

Ravana, le roi des démons, avait deux frères, Kumbhakarna et Vibhishana. Quand Ravana enleva Sita, la divine compagne de Sri Rama, les deux frères avertirent plusieurs fois Ravana des conséquences désastreuses de son acte et lui conseillèrent de ramener Sita à Rama. Il ignora complètement leurs prières et finit par déclarer la guerre à Rama. Kumbhakarna, bien qu'il fût conscient de l'iniquité de son frère aîné, céda finalement car il était attaché à Ravana et aimait le peuple des démons.

Vibhishana en revanche, était une âme pieuse et pleine de dévotion. Il lui fut impossible d'accepter la conduite *adharmique* (inique) de son frère et il continua à exprimer son inquiétude, à essayer de changer l'attitude de son frère. Mais Ravana n'accepta jamais son point de vue ; il refusa d'y réfléchir et même de l'écouter. Finalement, Ravana, qui était extrêmement orgueilleux, se mit tellement en colère contre son plus jeune frère, trop obstiné à son goût, qu'il l'exila du pays. Vibhishana prit refuge aux pieds de Rama. Dans la guerre qui s'ensuivit, Ravana et Kumbharnaka périrent et Sita fut délivrée. Avant de rentrer dans sa capitale, Ayodhya, Rama couronna Vibhishana et le fit roi de Lanka.

Des trois frères, Vibhishana fut le seul à trouver l'équilibre entre son *dharma* spirituel et son *dharma* dans le monde. Comment y est-il parvenu ? C'est que tout en remplissant son devoir dans le monde, il gardait une vision spirituelle des choses, et non l'inverse. Cette manière de remplir ses responsabilités dans le monde mène à l'état de plénitude ultime. Les deux autres frères en revanche, n'avaient qu'un point de vue matériel, même quand ils accomplissaient leur *dharma* spirituel.

L'attitude de Vibhishana était désintéressée. Il n'a jamais demandé à Rama de le couronner roi. Son seul désir était de rester fermement ancré dans le *dharma*. Ce vœu et cette détermination inébranlables ont fait de lui le réceptacle de toutes les bénédictions. Il obtint ainsi la prospérité tant matérielle que spirituelle.

Question : Amma, c'est une très belle histoire. Mais les vrais chercheurs spirituels ne recherchent pas la prospérité matérielle, n'est-ce pas ?

Amma : Non, le seul et unique *dharma* d'un chercheur sincère, c'est l'illumination, rien d'autre ne peut le satisfaire, tout le reste est inexistant.

Question : Amma, j'ai encore une question. Penses-tu qu'il existe encore dans le monde actuel des Ravana et des Kumbharnaka ? Et si oui, sera-t-il facile pour les Vibhishanas de survivre dans la société ?

Amma (*en riant*) : Il y a un Ravana et un Kumbharnaka en chacun de nous. La différence n'est que dans le degré. Il existe bien entendu aussi des êtres qui manifestent autant les traits démoniaques que Ravana et Kumbharnaka. En réalité, le chaos et les conflits que l'on observe dans le monde actuel ne sont rien d'autre que la somme totale de toutes ces tendances mentales. Les vrais Vibhishanas survivront néanmoins, parce qu'ils prendront refuge en Rama, en Dieu, et Celui-ci les protègera.

Dévot : J'ai dit que c'était ma dernière question, mais j'en ai encore une, si Amma le permet.

Amma (*en anglais*) : *Okay, ask* (D'accord, pose ta question)

Question : Personnellement, que penses-tu de ces Ravanas modernes ?

Amma : Ils sont eux aussi les enfants d'Amma.

Agir ensemble :
le dharma d'aujourd'hui

Dans ce Kali*yuga* (l'âge noir du matérialisme), la tendance générale des gens dans le monde est de s'éloigner les uns des autres. Ils vivent comme des îles que rien ne relie, sans aucun lien intérieur entre eux. Cela est dangereux et ne fera qu'augmenter la densité des ténèbres qui nous entourent. Qu'il s'agisse des relations entre humains ou des relations entre les humains et la nature, c'est l'amour qui crée le pont, le lien. Agir ensemble, unis, est la force du monde actuel. On devrait donc considérer cela comme l'un des *dharmas* (devoirs) principaux de notre époque.

La dévotion et la conscience

Question : Y a-t-il un lien entre la conscience et la dévotion ?

Amma : La pure dévotion est amour inconditionnel. L'amour inconditionnel est abandon de soi. L'abandon total de soi, c'est être totalement ouvert et vaste. Cette ouverture, cette dimension infinie est conscience. Et cela, c'est le Divin.

Aider le cœur fermé du disciple à s'ouvrir

Question : Amma, tu dis à tes dévots et à tes disciples qu'un *guru* incarné est tout à fait nécessaire pour parvenir à Dieu mais toi, tu considérais la création entière comme ton *guru*. Ne crois-tu pas que les autres ont eux aussi ce choix ?

Amma : Si, bien sûr. Mais habituellement, sur la voie spirituelle, on n'a pas le choix.

Question : Et pourtant dans ton cas, cela a fonctionné ?

Amma : Dans le cas d'Amma, il ne s'agissait pas d'un choix. C'était au contraire tout à fait spontané.

Ecoute, mon fils, Amma n'impose rien à personne. Ceux qui, avec une foi inébranlable, considèrent toute situation, bonne ou mauvaise, comme un message venant de Dieu, n'ont pas besoin de *guru* extérieur. Mais combien de gens sont-ils dotés d'une pareille détermination, d'une telle force ?

Le chemin vers Dieu ne peut pas être imposé. Cela ne marche pas. Bien au contraire, le fait de forcer pourrait même ruiner tout le processus. Dans cette voie, le *guru* doit faire preuve d'une immense patience envers le disciple. Comme le bouton s'épanouit en une belle fleur parfumée, le *guru* aide le cœur fermé du disciple à s'ouvrir pleinement.

Les disciples sont ignorants et le *guru* est éveillé. Les disciples n'ont aucune idée de ce qu'est le *guru* ni du plan de conscience à partir duquel il fonctionne. A cause de leur ignorance, il arrive parfois qu'ils se montrent extrêmement impatients. Comme ils portent des jugements, il se peut même qu'ils critiquent le *guru*. Dans de telles situations, seuls l'amour et la compassion inconditionnels d'un maître parfait peuvent alors réellement aider le disciple.

Le sens de la gratitude

Question : Eprouver de la gratitude envers le maître, envers Dieu, qu'est-ce que cela veut dire ?

Amma : C'est une attitude humble, ouverte, une attitude de prière qui permet de recevoir la grâce de Dieu. Un vrai maître n'a rien à gagner ni à perdre. Etabli dans l'état suprême de détachement, peu lui importe que vous éprouviez envers lui de la reconnaissance ou pas. Toutefois, ce sentiment de reconnaissance vous aide à recevoir la grâce de Dieu. La gratitude est une attitude intérieure. Soyez reconnaissants envers Dieu parce que c'est la meilleure manière de sortir du monde étroit créé par le corps et le mental et d'entrer dans le vaste monde intérieur.

La puissance qui anime le corps

Question : Est-ce que chaque âme est différente et possède une existence individuelle séparée ?

Amma : Est-ce que l'électricité est différente selon qu'elle fait fonctionner un ventilateur, un réfrigérateur, une télévision ou un autre appareil ?

Question : Non, mais les âmes ont-elles une existence séparée après la mort ?

Amma : Selon leur *karma* (l'effet d'actions accomplies dans le passé) et les *vasanas* (tendances) qu'elles ont accumulées, elles ont une existence apparemment séparée.

Question : Est-ce que, même dans cet état, notre âme individuelle a des désirs ?

Amma : Oui, mais elle ne peut pas les satisfaire. Exactement comme une personne complètement paralysée ne peut pas se lever pour prendre ce qu'elle veut, ces âmes ne peuvent assouvir leurs désirs car elles n'ont pas de corps.

Question : Combien de temps restent-elles dans cet état ?

Amma : Cela dépend de l'intensité de leur *prarabdha karma* (les fruits de leurs actions passées qui se manifestent à ce moment-là)

Question : Qu'arrive-t-il une fois que celui-ci est épuisé ?

Amma : Ces âmes reprennent naissance et le cycle continue jusqu'à ce qu'elles sachent qui elles sont réellement.

A cause de notre identification au corps et au mental, nous pensons : « C'est moi qui agis, c'est moi qui pense » et ainsi de suite. En réalité, sans la présence de l'*atman* (le Soi) ni le corps ni le mental ne peuvent fonctionner. Une machine peut-elle marcher sans électricité ? N'est-ce pas la puissance de l'électricité qui met tout en action ? Sans cette puissance, même une machine gigantesque n'est rien d'autre qu'une énorme masse de fer ou d'acier. Ainsi, qui ou quoi que nous soyons, c'est la présence de l'*atman* qui nous permet d'agir. Sans lui, nous ne sommes que de la matière morte. Oublier l'*atman* pour vénérer le corps revient à ignorer l'électricité et à tomber amoureux de l'appareil électrique.

Deux expériences vitales

Question : Les maîtres parfaits peuvent-ils choisir le moment et les circonstances de leur naissance et de leur mort ?

Amma : Seul un être parfait a le contrôle absolu de ces situations. Tous les autres sont totalement impuissants lors de ces deux expériences vitales. Personne ne vous demande où vous voulez naître, qui ou ce que vous voulez être. Et vous ne recevez pas non plus de message vous demandant si vous êtes prêt à mourir.

En l'absence de l'*atman*, celui qui se plaignait de l'étroitesse de son studio et celui qui s'étalait dans le luxe de son hôtel particulier trouveront le même confort et se tiendront cois dans l'espace réduit du cercueil. Celui qui ne pouvait vivre sans la climatisation n'aura aucun problème quand son corps sera consumé dans le bûcher funéraire. Pourquoi ? Parce qu'alors, le corps n'est plus qu'un objet inerte.

Question : La mort est une expérience effrayante, n'est-ce pas ?

Amma : Elle est effrayante pour ceux qui vivent en s'identifiant complètement à l'ego, sans jamais songer à la réalité qui transcende le corps et le mental.

Prendre autrui en considération

Un dévot souhaitait une explication simple, brève et facile à comprendre de la spiritualité.

Amma dit : « Faire montre de considération et de compassion envers autrui, c'est cela, la spiritualité. »

« Fantastique » dit l'homme et il se leva pour partir. Amma l'attrapa soudain par la main et lui dit : « Assieds-toi. »

L'homme obéit. Gardant une main posée sur le dévot qui était en train de recevoir le *darshan*, Amma se pencha vers lui et lui demanda doucement en anglais : « *Story* ? »

Un peu perplexe, l'homme demanda : « Amma, veux-tu que je raconte une histoire ? »

Amma se mit à rire et répondit : « Non, veux-tu *entendre* une histoire ? »

« Bien sûr, je désire entendre ton histoire. Quelle bénédiction pour moi ! » répondit-il, tout heureux.

Amma raconta alors l'histoire suivante :

« Une mouche entra un jour dans la bouche grande ouverte d'un homme endormi. Depuis lors, cet homme sentait la mouche vivre à l'intérieur de lui.

Cette sensation imaginaire se développa si bien que le malheureux s'inquiétait de plus en plus et qu'il finit par en souffrir intensément. Déprimé, il ne pouvait plus ni manger ni dormir. Il avait perdu toute joie de vivre. Toutes ses pensées tournaient autour de la mouche qu'il était toujours occupé à chasser d'une partie de son corps à l'autre.

Il consulta des médecins, des psychologues, des psychiatres et divers thérapeutes pour qu'ils l'aident à se débarrasser de la mouche. Tous le raisonnèrent en disant : « Ecoutez, vous allez très bien. Il n'y a pas de mouche dans votre corps. Même si une mouche y était entrée, il y a déjà longtemps qu'elle serait morte. Arrêtez de vous faire du souci ; vous êtes en parfaite santé. »

Cet homme ne croyait néanmoins aucun des praticiens et sa souffrance ne diminuait pas. Un de ses proches amis l'emmena un jour voir un *mahatma*. Après avoir écouté son histoire de mouche avec une grande attention, le sage examina l'homme et lui dit : « Vous avez raison. Il y a bien une mouche dans votre corps. Je la vois bouger. »

Tout en continuant à regarder dans sa bouche grande ouverte, le maître dit : « O mon Dieu, regardez ça ! La mouche a grossi en quelques mois ! »

Dès que le *mahatma* eut prononcé ces paroles, l'homme se tourna vers sa femme et son ami en disant : « Vous voyez ! Ces imbéciles n'y connaissaient rien. Ce type, lui, me comprend. En un rien de temps, il a repéré la mouche. »

Le sage dit : « Ne bougez pas. Le moindre mouvement pourrait déranger toute l'opération. » Puis il recouvrit l'homme de la tête aux pieds avec une épaisse couverture. « Cela permettra d'accélérer le processus. Il faut que le corps entier soit dans le noir, même à l'intérieur, afin que la mouche ne puisse rien voir. Alors gardez bien les yeux fermés. »

La foi de l'homme en ce *mahatma* était déjà si bien ancrée qu'il était prêt à faire absolument tout ce qu'il lui dirait.

« Maintenant, détendez-vous et restez tranquille. » Sur ces mots, le sage alla dans une autre pièce pour y attraper une mouche vivante. Il finit par en attraper une et la mit dans une bouteille.

Revenu dans la pièce où se tenait le malade, il se mit à lui passer les mains doucement sur le corps tout en commentant les mouvements de la mouche. « Bon, ne bougez plus, la mouche est maintenant dans votre estomac ... avant que je l'approche, elle s'est envolée et la voilà dans les poumons. J'ai failli l'attraper... Oh non, elle s'est encore échappée ! ... Oh, qu'est-ce qu'elle est rapide ! ...

Voilà qu'elle est de nouveau dans l'estomac... bien, maintenant je vais réciter un mantra qui va l'immobiliser. »

Puis le sage fit semblant d'attraper la mouche et de la retirer de l'estomac du patient. Au bout de quelques secondes, il lui demanda d'ouvrir les yeux et d'enlever la couverture. Puis il lui montra la mouche qu'il avait attrapée et mise dans la bouteille.

L'homme exultait. Il se mit à danser. Il dit à sa femme : « Je t'ai dit cent fois que j'avais raison et que ces psychologues étaient des imbéciles. Je m'en vais les trouver de ce pas. Je veux qu'ils me rendent mon argent ! »

En réalité, il n'y avait pas de mouche. La seule différence, entre le *mahatma* et les médecins, c'est que le *mahatma* a pris l'homme en considération, ce que les autres n'ont pas fait. Ils lui ont dit la vérité, mais cela ne l'a pas aidé. Tandis que le sage l'a soutenu, a sympathisé avec lui, l'a compris et a fait preuve de véritable compassion envers lui, ce qui lui a permis de surmonter sa faiblesse.

La profonde compréhension qu'il avait de cet homme, de sa souffrance et de son état mental, lui a permis de descendre à son niveau. Les autres en revanche sont restés à leur niveau de compréhension et n'ont pas pris le malade en considération. »

Amma marqua un temps de silence, puis Elle reprit : « Mon fils, c'est là tout le processus de la réalisation spirituelle. Le maître tient pour vraie la mouche de l'ignorance du disciple, l'ego. Rien qu'en prenant le disciple et son ignorance en considération, le maître obtient sa coopération absolue. Si le disciple ne coopère pas, le maître ne peut rien faire. Un chercheur sincère n'aura cependant aucun problème à coopérer avec un maître authentique car le maître prend totalement en compte le disciple et ses faiblesses avant de l'aider à s'éveiller à la réalité. La véritable tâche d'un maître authentique est d'aider le disciple à devenir lui aussi maître de toutes les situations. »

Une matrice d'amour

Question : J'ai lu récemment dans un livre que nous sommes tous dotés d'une matrice spirituelle. Est-ce que cela existe vraiment ?

Amma : Il faut le prendre comme une image. Il n'existe aucun organe visible que l'on pourrait nommer « matrice spirituel ». Il s'agit peut-être de la réceptivité que nous avons besoin de développer pour ressentir l'amour et en faire l'expérience intérieure. Dieu a fait don à chaque femme d'une matrice dans laquelle elle peut porter un enfant et l'alimenter avant de lui donner naissance. Il nous appartient de créer ainsi à l'intérieur de nous assez d'espace pour que l'amour se forme et se développe. La méditation, les prières et les mantras que nous récitons nourrissent cet amour, afin que peu à peu l'enfant d'amour grandisse et transcende toutes les limitations. L'amour pur est *shakti* (l'énergie) sous sa forme la plus pure.

Les êtres spirituels ont-ils quelque chose de spécial ?

Question : Amma, penses-tu que la spiritualité et les êtres spirituels aient quelque chose de spécial ?

Amma : Non.

Question : Alors ?

Amma : Le but de la spiritualité, c'est de mener une vie parfaitement normale, en harmonie avec le Soi intérieur. Il n'y a donc là rien de spécial.

Question : Veux-tu dire que seuls ceux qui sont tournés vers la spiritualité mènent une vie normale ?

Amma : Amma a-t-elle dit cela ?

Question : Pas directement, mais c'est ce que ton affirmation implique, non ?

Amma : C'est ta façon d'interpréter les paroles d'Amma.

Question : D'accord, mais que penses-tu de la majorité des gens, qui vivent dans le monde ?

Amma : Non, pas la majorité, ne vivons-nous pas tous dans le monde ?

Question : Amma, s'il te plaît....

Amma : Tant que nous vivons dans le monde, nous faisons partie du monde. Ce qui fait de nous des êtres spirituels, c'est la manière dont nous envisageons la vie et ses expériences tout en vivant dans le monde. Mon fils, chacun considère la vie qu'il mène comme normale. Il appartient à chaque individu de déterminer s'il mène une vie normale ou non, en se livrant correctement à l'introspection. Il faut savoir aussi que la spiritualité n'a rien d'inhabituel ni d'extraordinaire. La spiritualité n'est pas censée vous rendre spécial, mais humble. Mais il est en revanche important de comprendre que le fait de naître dans un corps humain est une chance extraordinaire.

Un arrêt momentané

Question : Amma, pourquoi le détachement est-il si important dans la vie spirituelle ?

Amma : Pratiquer le détachement est indispensable non seulement pour le chercheur spirituel mais encore pour toute personne qui désire accroître son potentiel et sa paix intérieure. Etre détaché, cela signifie devenir *sakshi* (témoin) dans toutes les expériences de la vie.

L'attachement constitue un fardeau pour le mental alors que le détachement l'allège. Plus le mental est chargé, plus il est tendu, plus il désire intensément être soulagé. Dans le monde actuel, les gens sont mentalement de plus en plus encombrés de pensées négatives. Cela engendre naturellement un désir profond et ardent, un besoin authentique de détachement.

Question : Amma, je souhaite sincèrement pratiquer le détachement, mais ma conviction vacille sans cesse.

Amma : La conviction ne vient qu'avec la conscience. Plus on est conscient, plus on est convaincu. Mon fils, considère ce monde comme un arrêt momentané, juste un peu plus long que les autres. Nous sommes tous des voyageurs et notre visite ici n'est qu'une étape parmi d'autres. Au cours d'un voyage en car ou en train, nous rencontrons d'autres passagers et il nous arrive d'entrer en conversation avec eux et d'échanger nos idées au sujet de la vie et des affaires du monde. Au bout d'un certain temps, nous nous attachons peut-être à la personne assise à côté de nous. Chaque passager doit néanmoins descendre lorsqu'il arrive à destination. Donc, quand tu rencontres quelqu'un ou que tu t'installes quelque part, garde bien à l'esprit que tu devras partir un jour. Cette conscience, associée à une attitude positive, peut sans nul doute te guider dans toutes les circonstances de la vie.

Question : Amma, veux-tu dire qu'il faut pratiquer le détachement tout en vivant dans le monde ?

Amma (*en souriant*) : Où pourrais-tu donc apprendre le détachement, sinon dans le monde ? Après la mort ? En fait, pratiquer le détachement est le moyen de vaincre la peur de la mort. Le détachement garantit une mort sans aucune souffrance, pleine de béatitude.

Question : Comment est-ce possible ?

Amma : Parce que celui qui est détaché est capable d'être *sakshi* (témoin) de tout, y compris de l'expérience de la mort. Le détachement est l'attitude juste. C'est la perception correcte. Lorsque nous regardons un film, faut-il s'identifier aux personnages et essayer de les imiter ? Regarde le film en ayant conscience qu'il ne s'agit que d'un film ; alors, tu l'apprécieras vraiment. La voie qui mène réellement à la paix, c'est un mode de pensée et de vie spirituel.

On ne se baigne pas indéfiniment dans une rivière ; on s'y baigne pour en ressortir frais et propre. De même, si la vie spirituelle t'intéresse, considère ta vie de famille comme un moyen d'épuiser tes *vasanas* (tendances). En d'autres termes, rappelle-toi que tu mènes une vie de famille non pas pour t'y plonger de plus en plus, mais pour épuiser cette *vasana*-là et d'autres qui y sont liées, pour te libérer des liens de l'action. Ton but devrait être d'épuiser tes *vasanas* négatives, non de les renforcer.

L'écoute du mental

Question : Amma, comment définirais-tu le « mental » ?

Amma : C'est un instrument qui n'entend jamais ce qu'on lui dit, mais uniquement ce qu'il veut entendre. On te dit une chose et le mental en entend une autre. Alors, à coup de découpages, corrections et recollages, il se met à faire de la chirurgie sur ce qu'il a entendu. Au cours de ce processus, l'original est modifié, le mental y ajoute certaines choses et en retranche d'autres ; il interprète et polit jusqu'à ce que cela finalement te convienne. Puis, tu te convaincs que cette version correspond bien à ce que l'on t'a dit.

Il y a un jeune garçon qui vient parfois à l'ashram avec ses parents. Sa mère a raconté un jour à Amma un incident intéressant qui s'est déroulé chez eux. La maman disait à son fils d'étudier un peu plus sérieusement parce que la date de ses examens approchait rapidement. Mais le garçon avait d'autres priorités. Il voulait faire du sport et regarder des films. Dans la discussion qui s'ensuivit, le garçon finit par dire à sa mère : « Maman, n'as-tu pas entendu Amma, dans ses discours, insister sur la nécessité de vivre dans le présent ? Vraiment, je ne comprends pas pourquoi tu t'inquiètes autant de ces examens qui sont encore à venir alors que j'ai bien d'autres choses à faire dans le présent ». Voilà ce que lui, il avait entendu.

L'amour et l'intrépidité

Pour illustrer la manière dont l'amour fait disparaître la peur, Amma raconte l'histoire suivante :

Amma : Il était une fois, il y a bien longtemps, un roi qui gouvernait un des états de l'Inde. Il habitait un fort, au sommet d'une montagne. Une femme venait chaque jour y vendre du lait. Elle arrivait vers six heures le matin et repartait avant six heures du soir. A six heures tapantes, les gardes fermaient les énormes portes du fort et personne ne pouvait plus alors ni entrer ni sortir jusqu'au lendemain matin, quand les portes étaient réouvertes.

Tous les matins, quand les sentinelles ouvraient les énormes portes en fer, cette femme était là, son pot de lait sur la tête.

Un soir, lorsque la femme arriva à l'entrée, il était six heures passées de quelques secondes et les portes venaient de fermer. Elle était mère d'un petit garçon qui attendait à la maison le retour de sa maman. La femme tomba aux pieds des gardes et les implora de la laisser sortir. Les larmes aux yeux, elle leur dit : « Je vous en prie, ayez pitié de moi. Si je ne suis pas avec lui, mon petit garçon ne mangera rien et il ne dormira pas. Le pauvre enfant pleurera toute la nuit s'il ne voit pas sa mère. Je vous en supplie, laissez-moi sortir ! » Mais les soldats se montrèrent inflexibles car ils ne pouvaient pas désobéir aux ordres.

La femme, prise de panique, fit le tour du fort en courant, cherchant désespérément un endroit par où s'échapper. Elle ne supportait pas l'idée que son petit garçon innocent allait attendre anxieusement son retour et qu'elle ne rentrerait pas.

Le fort était entouré de montagnes rocheuses, de forêts remplies de buissons épineux, de plantes grimpantes et de plantes vénéneuses. La nuit tombant, l'amour maternel ne laissa plus de répit à la laitière ; elle était déterminée à rejoindre son enfant, coûte que coûte. Elle chercha un passage par où descendre de la falaise et rentrer chez elle. Elle finit par découvrir un endroit où la pente semblait comparativement moins raide et moins longue. Ayant caché son pot à lait dans les buissons, elle se mit à descendre la montagne avec précaution. Le corps lacéré par les épines et couvert de bleus, elle continuait à descendre en ne pensant qu'à son fils qui l'attendait. Elle réussit finalement à atteindre le pied de la montagne et se précipita chez elle où elle passa une nuit heureuse auprès de son fils.

Le lendemain matin, quand les gardes ouvrirent les portes du fort, ils furent bien étonnés de voir cette femme, qui n'avait pu sortir la veille, attendre comme d'habitude l'ouverture des portes pour entrer dans le fort.

« Si une simple laitière a réussi à descendre la falaise de notre fort imprenable, il doit y avoir un endroit par où l'ennemi peut y accéder et nous attaquer », se dirent-ils. Comprenant la gravité de la situation, les gardes arrêtèrent aussitôt cette femme et l'emmenèrent devant le roi.

Le roi était doté d'une grande compréhension et de maturité. Les gens du pays louaient sa sagesse, sa vaillance et son noble caractère. Il reçut la laitière avec une grande courtoisie. Joignant les mains pour la saluer, il lui dit : « Oh Mère, si les gardes disent vrai, si tu t'es vraiment échappée du fort la nuit dernière, voudrais-tu avoir la gentillesse de me montrer l'endroit où tu as réussi à descendre ? »

La laitière conduisit le roi, ses ministres et les gardes à un endroit précis. Là, elle tira le pot à lait des buissons où elle l'avait caché la veille au soir et le montra au roi. En regardant la montagne escarpée, le roi lui demanda : « Mère, pourrais-tu s'il te plaît nous montrer comment tu as réussi à descendre ici la nuit dernière ? »

La laitière regarda la paroi à pic et menaçante de la montagne et se mit à trembler de peur. « Non, je ne peux pas ! » s'écria-t-elle.

« Alors comment as-tu fait la nuit dernière ? » demanda le roi.

« Je ne sais pas », répondit-elle.

« Mais moi je sais, dit doucement le roi, c'est l'amour que tu portes à ton fils qui t'a donné la force et le courage d'accomplir l'impossible. »

L'amour vrai nous fait transcender le corps, le mental et toutes les peurs. La puissance de l'amour pur est infinie. Un tel amour est universel, il englobe tout. Dans cet amour, on fait l'expérience de l'unité du Soi. L'amour est le souffle de l'âme. Personne ne dira : « Je ne respirerai qu'en présence de ma femme, de mes enfants, de mes parents et de mes amis. Je ne peux pas respirer en présence de mes ennemis, de ceux qui me haïssent ou de ceux qui m'ont fait du mal. » Il serait alors impossible de survivre ; une telle attitude, c'est la mort. Ainsi, l'amour est une présence, au-delà de toutes les différences. Il est omniprésent. C'est notre force de vie.

L'amour pur et innocent rend tout possible. Quand le cœur est rempli de la pure énergie de l'amour, accomplir la plus impossible des tâches devient aussi aisé que de cueillir une fleur.

Pourquoi y a-t-il des guerres ?

Question : Amma, pourquoi y a-t-il autant de guerres et de violence ?

Amma : A cause du manque de compréhension.

Question : Qu'est-ce que le manque de compréhension ?

Amma : L'absence de compassion.

Question : Existe-t-il un lien entre la compréhension et la compassion ?

Amma : Oui, quand la vraie compréhension s'éveille en toi, tu apprends à considérer réellement l'autre personne, en passant sur ses faiblesses. A partir de là, l'amour se développe. Quand l'amour pur s'éveille à l'intérieur, la compassion s'éveille aussi.

Question : Amma, je t'ai entendue dire que l'ego était la cause des guerres et des conflits.

Amma : C'est juste. L'immaturité de l'ego et le manque de compréhension, c'est presque la même chose. Nous employons beaucoup de termes différents mais au fond, ils veulent tous dire la même chose.

Quand les êtres humains perdent le contact avec le Soi intérieur et s'identifient davantage à l'ego, cela débouche forcément sur la violence et la guerre. C'est ce qui se passe dans le monde actuel.

Question : Amma, veux-tu dire que les gens accordent trop d'importance au monde extérieur ?

Amma : La civilisation (le confort et le développement extérieurs) et le *samskara* (la culture de nobles pensées et de nobles vertus) sont censés aller de pair. Mais qu'observons-nous dans la société ? Les valeurs spirituelles déclinent rapidement, n'est-ce pas ? Les conflits et la guerre constituent le point le plus bas de l'existence, le sommet, c'est le *samskara.*

L'exemple suivant illustre très bien l'état du monde actuel. Imagine une route très étroite. Deux conducteurs freinent quand leurs véhicules se retrouvent nez à nez. A moins que l'un d'entre eux ne recule pour laisser passer l'autre, ils ne peuvent pas se croiser. Mais fermement installé sur son siège, chacun déclare obstinément qu'il ne bougera pas d'un pouce. La situation ne peut se dénouer que si l'un d'entre eux fait montre d'un peu d'humilité et cède volontairement le passage à l'autre. Ils pourront alors facilement continuer leur route et atteindre leur destination. Celui qui a cédé aura également la joie de savoir que c'est grâce à lui que l'autre a pu continuer sa route.

Comment rendre Amma heureuse ?

Question : Amma, comment puis-je te servir ?

Amma : En servant autrui de manière désintéressée.

Question : Que puis-je faire pour te rendre heureuse ?

Amma : Aide les autres à se sentir heureux. C'est cela qui rend Amma vraiment heureuse.

Question : Amma, n'attends-tu rien de moi ?

Amma : Si, Amma veut que tu sois heureuse.

Dévote : Amma, tu es si belle.

Amma : Cette beauté demeure également en toi. Il suffit que tu la trouves.

Dévote : Amma, je t'aime.

Amma : Ma fille, en réalité, il n'y a pas de séparation entre Amma et toi. Nous ne faisons qu'un. Il n'y a donc que l'amour.

Le vrai problème

Question : Amma, tu dis que tout est Un. Mais dans ma perception, tout est séparé. Pourquoi en est-il ainsi ?

Amma : Voir les choses comme séparées et différentes n'est pas un problème. Le vrai problème, c'est de ne pas pouvoir percevoir l'Unité qui est la Source de cette diversité. Il s'agit là d'une perception erronée qui est en fait une limitation. Ta façon de considérer le monde et tout ce qui se passe autour de toi a besoin d'être corrigée ; ensuite, tout changera automatiquement.

Si les yeux extérieurs s'affaiblissent, par exemple si nous nous mettons à voir double, notre vision a besoin de correction ; de même, l'œil intérieur a besoin d'être réajusté en suivant les instructions d'un *satguru*, c'est-à-dire d'un être établi dans l'expérience de cette Unité.

Le problème, ce n'est pas le monde

Question : Qu'est-ce qui ne va pas dans le monde ? Ce qui s'y passe n'est pas beau à voir. Pouvons-nous y faire quelque chose ?

Amma : Le problème, ce n'est pas le monde. Le problème, c'est le mental humain, l'ego. C'est l'ego déchaîné qui rend le monde problématique. Un peu plus de compréhension et de compassion peut engendrer un changement profond.

L'ego gouverne le monde. Les êtres humains sont les victimes impuissantes de leur ego. Il est difficile de trouver des personnes sensibles, au cœur plein de compassion. Trouve ta propre harmonie intérieure, le magnifique chant de la vie et de l'amour qui existe en toi. Va servir ceux qui souffrent. Apprends à faire passer les autres avant toi. Mais sous prétexte d'aimer et de servir les autres, ne tombe pas amoureux de ton propre ego. Garde l'ego, mais sois-en le maître et contrôle également le mental. Accorde de la considération à chacun, parce que c'est la porte qui ouvre sur Dieu, sur le Soi.

Pourquoi suivre la voie spirituelle ?

Question : Pourquoi faut-il suivre la voie spirituelle ?

Amma : C'est comme si une graine demandait : « Pourquoi devrais-je rentrer sous terre, germer et croître ? »

Gérer l'énergie spirituelle

Question : Il existe au moins un faible pourcentage de gens qui perdent la tête après avoir fait des pratiques spirituelles. Quelle en est la raison ?

Amma : Les pratiques spirituelles préparent le corps et le mental, qui sont des instruments limités, à recevoir la *shakti* (énergie) universelle. Elles ouvrent en vous la porte à une conscience supérieure. En d'autres termes, elles nous mettent en contact direct avec la pure *shakti*. Si l'on n'est pas vigilant, elles peuvent causer des troubles mentaux et physiques. La lumière, par exemple, nous permet de voir. Mais en excès, elle nous abîme les yeux. Ainsi, la *shakti*, la béatitude, est extrêmement bénéfique. Toutefois, si on ne sait pas la gérer correctement, elle peut être dangereuse. Seul un *satguru* (un maître authentique) a la capacité de nous guider dans ce domaine.

La plainte et la compassion d'un cœur innocent

Un petit garçon arriva en courant auprès d'Amma et lui montra sa main droite. Amma lui prit affectueusement le doigt et lui demanda en anglais : « What baby ? » (Qu'est-ce qu'il y a, bébé ?) Il se retourna et dit : « Là-bas... »

Amma : *There what ?* (Là-bas, quoi ?)

Le petit garçon : Papa...

Amma : *Daddy what ?* (Papa quoi ?)

Le petit garçon (*montrant sa main*) : Papa assis là.

Amma serre l'enfant dans ses bras et lui dit : Amma call daddy (Amma va appeler papa).

Le père est alors venu auprès d'Amma. Il a raconté que, ce matin-là, il s'était par mégarde assis sur la main du bambin. L'incident s'était produit chez eux et l'enfant essayait de le raconter à Amma.

Tenant toujours le petit contre elle, Amma dit : « Regarde, mon bébé, Amma va donner une bonne fessée à ton papa, d'accord ? »

L'enfant acquiesca d'un signe de tête. Amma fit alors mine de battre son père qui, lui, faisait semblant de pleurer. Le petit garçon attrapa soudain la main d'Amma en disant : « Fini. »

Amma serra le gamin contre elle et rit. Les dévots qui assistaient à la scène firent de même.

Amma : Voyez comme il aime son père. Il ne veut pas qu'on lui fasse du mal.

Comme ce petit garçon qui est venu ouvrir son cœur à Amma sans réserve, mes enfants, vous devriez apprendre à ouvrir votre cœur à Dieu et à tout Lui confier. Amma a fait semblant de battre son père mais pour le petit, c'était réel. Il ne voulait pas que son père souffre. Comme lui, mes enfants, comprenez la douleur d'autrui et faites preuve de compassion envers tous.

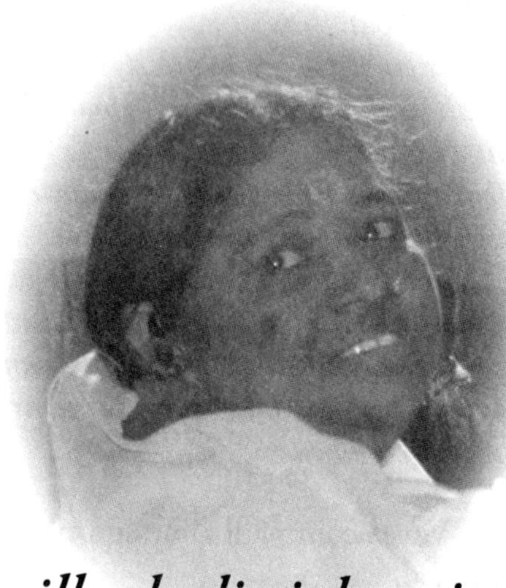

Eveiller le disciple qui rêve

Question : Comment le *guru* aide-t-il le disciple à transcender l'ego ?

Amma : En créant les circonstances nécessaires. En réalité, c'est la compassion du *satguru* (maître authentique) qui aide le disciple.

Question : Alors qu'est-ce qui aide exactement le disciple ? Les circonstances ou la compassion du *guru* ?

Amma : Les circonstances naissent de la compassion infinie du *guru*.

Question : Ces circonstances sont-elles ordinaires ou bien ont-elles quelque chose de spécial ?

Amma : Il s'agit de circonstances ordinaires. Mais elles sont aussi spéciales parce qu'elles sont une autre forme de bénédiction accordée par le *satguru* au disciple pour son progrès spirituel.

Question : Au cours du processus de destruction de l'ego, y a-t-il un conflit entre le *guru* et le disciple ?

Amma : Le mental lutte et proteste parce qu'il veut continuer à dormir et à rêver. Il ne veut pas être dérangé. Mais un vrai Maître est celui qui dérange le sommeil du disciple. Le seul but du *satguru* est d'éveiller le disciple. Il y a donc une contradiction apparente. Un vrai disciple, doté de *shraddha* (foi pleine d'amour) fait toutefois usage de discernement pour surmonter de tels conflits intérieurs.

L'obéissance au guru

Question : L'obéissance parfaite au *guru* mène-t-elle en définitive à la mort de l'ego ?

Amma : Oui. Dans la Katha *upanishad*, le *satguru* (le maître authentique) est représenté par Yama, le dieu de la mort. C'est que le *guru* symbolise la mort de l'ego du disciple, qui ne peut se produire qu'avec l'aide d'un *satguru*.

L'obéissance au *satguru* vient de l'amour que le disciple lui porte. L'exemple de sacrifice de soi et de compassion que donne le maître est une source d'inspiration immense pour le disciple. Touché par l'être du *guru*, le disciple se montre spontanément ouvert et obéissant envers lui.

Question : Affronter la mort de l'ego exige un courage extraordinaire, n'est-ce pas ?

Amma : Certainement, c'est pourquoi très peu en sont capables. Accepter la mort de l'ego revient à frapper à la porte de la mort. C'est ce qu'a fait Nachiketas, le jeune chercheur de la Katha *upanishad*. Mais si vous avez le courage et la détermination de frapper à la porte de la mort, vous découvrirez qu'il n'y a pas de mort. Parce que même la mort ou la mort de l'ego est une illusion.

L'horizon est ici

Question : Où le Soi est-il caché ?

Amma : Cela revient à demander : « Où suis-je caché ? » Tu n'es caché nulle part. Tu es en toi. De même, le Soi est à l'intérieur et à l'extérieur de toi.

Vus de la côte, l'océan et la ligne d'horizon semblent se rejoindre en un certain point. Imaginons qu'il y ait une île à cet endroit-là, les arbres paraîtront toucher le ciel. Mais si nous allons sur cette île, trouverons-nous ce point de contact entre les arbres et le ciel ? Non, au contraire, le point s'éloigne. Il est maintenant ailleurs. Où donc est, en réalité, l'horizon ? L'horizon est bien là où nous sommes, n'est-ce pas ? De même, ce que tu cherches est bien ici. Mais tant que tu es hypnotisé par le corps et le mental, cela restera hors d'atteinte.

Du point de vue de la connaissance suprême, tu es pareil à un mendiant. Le Maître apparaît et te dit : « Ecoute, l'univers entier t'appartient. Jette ton bol à aumônes et cherche le trésor qui est caché en toi. »

Ton ignorance de la réalité te pousse à répéter obstinément : « Tu dis n'importe quoi. Je suis un mendiant et je veux continuer à mendier pour le restant de mes jours. Je t'en prie, laisse-moi tranquille. » Mais un *satguru* (maître authentique) ne te laissera pas dans cet état. Il te rappelle sans cesse la réalité jusqu'à ce que tu sois convaincu et que tu te mettes à chercher.

En bref, le *satguru* t'aide à prendre conscience de la condition de mendiant du mental, il te presse de jeter le bol à aumônes et t'aide à devenir propriétaire de l'univers.

La foi et le rosaire

Lors d'un Dévi *Bhava* à San Ramon en Californie, je m'apprêtais à aller chanter les *bhajans* (chants dévotionnels) quand une femme s'approcha de moi, les larmes aux yeux.

« J'ai perdu un objet auquel je tiens beaucoup », me dit-elle.

Cette femme semblait désespérée. « Je dormais en haut, sur la galerie, avec le rosaire que ma grand-mère m'a donné, et quand je me suis réveillée, il avait disparu. Quelqu'un l'a volé. Il a pour moi une valeur inestimable. Oh, mon Dieu, que dois-je faire maintenant ? » dit-elle en se mettant à pleurer.

« Etes-vous allée voir aux objets trouvés ? » lui dis-je.

« Oui, mais il n'y était pas. »

« Je vous en prie, ne pleurez pas, faisons une annonce. Si quelqu'un a trouvé le rosaire ou bien l'a pris par erreur, il le rapportera peut-être si vous expliquez à quel point cet objet est précieux pour vous. »

J'allais l'accompagner jusqu'à la sono quand elle s'exclama : « Comment cela a-t-il pu arriver une nuit de Dévi *bhava*, alors que je suis venue pour recevoir le *darshan* d'Amma ? »

« Ecoutez, si vous avez perdu ce rosaire, c'est que vous n'avez pas fait assez attention. Si vous y teniez tant, pourquoi vous êtes-vous endormie en le tenant à la main ? Il y a ici ce soir des gens de tout acabit. Amma ne rejette personne. Elle permet à tous de se réjouir de sa présence. Vous le saviez, vous auriez donc dû faire plus attention à votre rosaire. Vous blâmez Amma, au lieu d'assumer la responsabilité de votre insouciance, » telle fut la réponse qui me monta spontanément aux lèvres.

Guère convaincue, elle déclara : « Ma foi en Amma est ébranlée. »

« Avez-vous jamais vraiment eu la foi ? Si votre foi était réelle, comment auriez-vous pu la perdre ? »

Elle ne répliqua pas. Je la conduisis à la sono où elle fit une annonce, comme convenu.

Quelques heures plus tard, alors que j'avais fini de chanter les *bhajans*, je rencontrai cette femme à l'entrée du hall. Elle m'attendait pour me dire qu'elle avait retrouvé le rosaire. Quelqu'un l'avait vu par terre sur la galerie et l'avait pris en pensant qu'il s'agissait d'un cadeau d'Amma. Mais après avoir entendu l'annonce, cette personne l'avait rapporté.

La femme me dit : « Merci pour votre suggestion. »

« Remerciez Amma car dans sa compassion, elle n'a pas voulu que vous perdiez la foi », lui répondis-je. Avant de prendre congé, je lui dis : « Toutes sortes de gens viennent ici, mais tous aiment Amma sinon, vous n'auriez jamais revu votre rosaire. »

L'amour et l'abandon de soi

Question : Quelle est la différence entre l'amour et l'abandon de soi ?

Amma : L'amour est conditionnel. L'abandon de soi est inconditionnel.

Question : Qu'est-ce que cela veut dire ?

Amma : Dans l'amour, il y a celui qui aime et le Bien-Aimé, le disciple et le Maître, le dévot et Dieu. Mais dans l'abandon de soi, la dualité est abolie. Il n'y a rien d'autre que le Maître. Rien d'autre que Dieu.

Conscience et vigilance

Question : Peut-on assimiler conscience et *shraddha* (l'amour allié à la foi) ?

Amma : Oui, plus on a de *shraddha*, plus on est conscient. Le manque de conscience crée des obstacles sur la voie qui mène à la liberté éternelle. Quand on conduit dans le brouillard, on n'y voit pas clair et c'est dangereux : à tout moment, on risque l'accident. Les actions accomplies en toute conscience nous aident en revanche à prendre conscience de notre nature divine. Elles nous aident à chaque instant à augmenter la clarté de notre vision.

La foi simplifie tout

Question : Pourquoi est-il si difficile de parvenir à la réalisation du Soi ?

Amma : En réalité, il est facile de réaliser le Soi parce que l'*atman* (le Soi) est ce qu'il y a de plus proche de nous. C'est le mental qui crée des difficultés.

Question : Mais ce n'est pas ce que disent les Ecritures ni les grands Maîtres. Les moyens et les méthodes sont extrêmement rigoureux.

Amma : Les Ecritures et les grands Maîtres s'efforcent toujours de rendre les choses simples. Ils ne cessent de nous rappeler que le Soi, Dieu, est notre vraie nature, ce qui signifie que Cela est proche de nous. Il s'agit de notre Etre réel, de notre visage originel. Mais pour assimiler cette vérité, il est nécessaire d'avoir la foi. Le manque de foi rend le chemin ardu mais la foi le rend simple. Dites à un enfant : « Tu es le roi. » et en une seconde, l'enfant se comportera comme un roi, s'identifiant immédiatement au personnage. Les adultes ont-ils la même foi ? Non. C'est donc difficile pour eux.

Se concentrer sur le But

Question : Amma, comment peut-on enrichir son voyage spirituel ?

Amma : Grâce à une *sadhana* (des pratiques spirituelles) sincère et à la concentration sur le but. Rappelle-toi toujours que la connaissance spirituelle est le sens de ton existence physique en ce monde. Fais en sorte que tes pensées et tes actions t'aident à progresser sur le chemin.

Question : Se concentrer sur le but et être détaché, est-ce la même chose ?

Amma : Le détachement naît spontanément chez celui qui est concentré sur le but. Si tu te rends dans une autre ville pour une affaire urgente, ton mental sera constamment fixé sur ta destination, n'est-ce pas ? Même si tu vois un beau parc et un lac, un restaurant agréable, un jongleur qui jongle avec quinze balles, etc., te laisseras-tu distraire ? Non. Ta pensée sera détachée de tous ces objets et attachée à ta destination. Ainsi, celui qui est sincèrement concentré sur le but est automatiquement détaché.

Agir nous enchaîne-t-il ?

Question : Certains croient qu'agir crée des obstacles sur la voie spirituelle et qu'il vaut donc mieux éviter d'agir. Est-ce vrai ?

Amma : Il s'agit probablement de la définition d'un paresseux. Le *karma* (l'action) n'est en soi pas dangereux. Mais lorsque l'action n'est pas accompagnée par la compassion, lorsqu'elle est tournée vers le plaisir personnel et la seule satisfaction de désirs secrets, elle devient dangereuse. Quand un chirurgien effectue une opération, par exemple, il doit être pleinement présent et conscient mais il doit aussi faire preuve de compassion. S'il rumine ses soucis familiaux, son degré de concentration diminue et cela risque même de mettre la vie du malade en danger. Un tel *karma* est *adharma* (une action incorrecte). En revanche, le sentiment de satisfaction que le médecin retire d'une opération réussie peut l'aider à progresser, s'il le gère correctement. En d'autres termes quand la conscience et la compassion sont le moteur du *karma*, notre évolution spirituelle s'en trouve accélérée. Il est par contre dangereux d'agir avec peu ou pas de conscience et sans compassion.

Accroître son discernement

Question : Amma, comment gagner en discernement ?

Amma : En gardant, au sein même de l'action, une attitude contemplative.

Question : Un mental capable de discerner a-t-il atteint la maturité ?

Amma : Oui, il a atteint la maturité spirituelle.

Question : Un tel mental est-il doté de capacités supérieures ?

Amma : Ses capacités et sa faculté de compréhension sont supérieures.

Question : Compréhension de quoi ?

Amma : Compréhension de tout, de toutes les situations et expériences.

Question : Tu veux dire, même des situations douloureuses et défavorables ?

Amma : Oui, absolument toutes. Même les expériences douloureuses, si on les comprend en profondeur, ont un effet bénéfique sur notre vie. Juste sous la surface de toutes les expériences, bonnes ou mauvaises, il y a un message spirituel. Considérer toute chose de l'extérieur, c'est le matérialisme ; les considérer de l'intérieur, c'est la spiritualité.

Le saut final

Question : Arrive-t-il un moment dans la vie d'un chercheur spirituel où il ne lui reste plus qu'à attendre ?

Amma : Oui. Après avoir accompli des pratiques spirituelles pendant longtemps, après avoir fait tous les efforts nécessaires, il arrive un moment où le *sadhak* (le chercheur spirituel) doit arrêter toute *sadhana* et attendre patiemment que la réalisation se produise.

Question : Le chercheur peut-il alors lui-même faire le saut ?

Amma : Non. En réalité, il s'agit d'un moment crucial, où le *sadhak* a besoin d'une aide immense.

Question : Le *guru* lui apportera-t-il cette aide ?

Amma : Oui, seule la grâce du *satguru* (Maître authentique) peut aider le *sadhak* à ce moment-là. C'est alors qu'il faut au *sadhak* une patience absolue, parce qu'il a fait tout ce qu'il pouvait, c'est-à-dire qu'il a fourni tous les efforts possibles. Maintenant, il est impuissant. Il ne sait pas comment faire le dernier pas. Le chercheur pourrait même tomber dans la confusion et retourner dans le monde en pensant que l'état de réalisation du Soi n'existe pas. Seules la présence du *satguru* et sa grâce inspireront le chercheur et l'aideront à dépasser ce stade.

Le moment le plus heureux de la vie d'Amma

Question : Amma, quel est le moment le plus heureux de ta vie ?

Amma : Chaque instant.

Question : Cela signifie ?

Amma : Cela signifie qu'Amma est constamment heureuse, parce que pour elle, seul existe l'amour pur.

Amma ne dit rien pendant un certain temps. Le darshan continuait. Puis un dévot apporta une image de la déesse Kali dansant sur la poitrine de Shiva, pour qu'Amma la bénisse. Amma montra cette image au dévot qui venait de poser la question.

Amma : Regarde cette image. Bien que Kali ait l'air cruelle, elle déborde de béatitude. Sais-tu pourquoi ? C'est qu'elle vient juste de couper la tête, l'ego, de son disciple bien-aimé. La tête est considérée comme le siège de l'ego. Kali célèbre le moment précieux où son disciple a complètement transcendé l'ego. Une âme encore, après avoir longtemps erré dans les ténèbres, vient d'être libérée des griffes de *maya* (l'illusion). Quand une personne atteint le salut, la *kundalini shakti* (l'énergie spirituelle) de l'ensemble de la création s'élève et s'éveille.

Cette personne voit ensuite le Divin en tout. Cela marque donc le début d'une réjouissance sans fin. C'est pourquoi Kali danse en extase.

Question : Veux-tu dire que pour toi aussi, le moment le plus heureux est celui où tes enfants sont capables de transcender l'ego ?

Un sourire rayonnant éclaira alors le visage d'Amma.

Le plus grand cadeau qu'Amma puisse faire

Un dévot âgé qui avait le cancer à un stade avancé vint au *darshan* d'Amma. Sachant qu'il allait mourir bientôt, l'homme dit : « Au revoir, Amma. Merci de tout cœur pour tout ce que tu m'as donné. Tu as répandu ton amour pur sur cet enfant et tu m'as montré le chemin pendant cette période douloureuse. Sans toi, je me serais effondré il y a déjà longtemps. Garde toujours cette âme près de toi. » Puis le dévot prit la main d'Amma et la posa sur sa poitrine.

Il se mit ensuite à sangloter en se cachant le visage dans les mains. Avec affection, Amma mit sa tête sur son épaule, tout en essuyant les larmes qui roulaient le long de ses propres joues.

Amma lui releva la tête et le regarda profondément dans les yeux. Il arrêta de pleurer. Il dégageait même une impression de gaieté et de force. « Avec tout l'amour que tu m'as donné, Amma, ton enfant n'est pas triste, dit-il, mon unique inquiétude est de savoir si je resterai dans tes bras après la mort. C'est pour cela que je pleurais. Sinon, je vais bien. »

Le regardant dans les yeux avec une sollicitude et un amour profonds, Amma lui dit doucement : « Ne t'inquiète pas, mon enfant. Amma peut t'assurer que tu resteras dans ses bras pour toujours. »

Le visage de l'homme s'illumina alors d'une joie immense. Il paraissait très paisible. Les yeux encore humides, silencieuse, Amma le regarda s'éloigner.

L'amour rend tout vivant

Question : Amma, si tout est plein de conscience, les objets inanimés sont-ils également conscients ?

Amma : Ils ont un degré de conscience que tu ne peux ni percevoir ni comprendre.

Question : Comment pouvons-nous donc comprendre ?

Amma : Grâce à l'amour pur. L'amour rend tout vivant et conscient.

Question : J'ai de l'amour, mais je ne perçois pas tout comme vivant et conscient.

Amma : C'est qu'il y a dans ton amour quelque chose qui ne va pas.

Question : L'amour est l'amour. Comment quelque chose pourrait-il aller de travers dans l'amour ?

Amma : L'amour vrai est ce qui nous permet de ressentir la vie et la force de vie partout. Si ton amour ne te permet pas de voir cela, il ne s'agit pas d'un amour réel, mais d'un amour illusoire.

Question : Mais il s'agit-là d'une vérité bien difficile à comprendre et à mettre en pratique, n'est-ce pas ?

Amma : Non, ce n'est pas difficile.

L'air perplexe, la femme se tint coite.

Amma : Ce n'est pas aussi difficile que tu le crois. En réalité, presque tout le monde le fait, sans toutefois en avoir conscience.

Juste à ce moment-là, une dévote amena son chat pour le faire bénir par Amma, qui cessa un moment de parler pour prendre le chat et le caresser affectueusement. Puis elle lui mit avec beucoup d'application de la pâte de santal sur le front et lui donna un petit chocolat (Hershey kiss) à manger.

Amma : Est-ce que c'est un chat ou une chatte ?

La dévote : Une chatte.

Amma : Comment s'appelle-t-elle ?

La dévote : Rose... (*avec beaucoup d'inquiétude*) Elle n'allait pas bien ces deux derniers jours. Je t'en prie, Amma, bénis-la pour qu'elle se rétablisse vite. Elle est mon amie et ma fidèle compagne.

Au moment où cette femme prononçait ces paroles, les larmes lui vinrent aux yeux. Avec beaucoup d'amour, Amma appliqua de la cendre sacrée sur la chatte avant de la rendre à sa propriétaire, qui s'en alla tout heureuse.

Amma : Pour cette enfant d'Amma, sa chatte n'est pas un animal parmi des millions d'autres chats ; elle est unique. Pour elle, c'est presque un être humain. A ses yeux, sa « Rose » a une individualité. Pourquoi ? Parce qu'elle l'aime énormément. Elle s'identifie beaucoup à elle.

Partout dans le monde entier, les gens agissent ainsi, n'est-ce pas ? Ils donnent un nom à leur chat, à leur chien, à leur perroquet et parfois même à des arbres. Une fois que la personne a nommé l'animal, l'oiseau ou la plante et l'a fait sien, il se distingue pour elle des autres membres de son espèce. Son statut est soudain supérieur à celui d'une simple créature et cette individualisation lui donne une nouvelle vie.

Regardez les petits enfants. A leurs yeux, une poupée est vivante et consciente. Ils lui parlent, lui donnent à manger et dorment avec elle. Qu'est-ce qui donne vie à la poupée ? L'amour de l'enfant, n'est-ce pas ? L'amour transforme un simple objet pour le rendre vivant et conscient.

Maintenant, réponds à Amma : un tel amour est-il difficile ?

Une grande leçon de pardon

Question : Amma, as-tu quelque chose de particulier à me dire maintenant, un conseil à m'adresser à ce moment de ma vie ?

Amma (*en souriant*) : Sois patient.

Question : Est-ce tout ?

Amma : C'est beaucoup.

Le dévot avait déjà fait demi-tour et s'était éloigné de quelques pas quand Amma ajouta encore à son adresse : « ... et pardonne aussi. »

En entendant les paroles d'Amma, l'homme se retourna et demanda : « C'est à moi que tu parles ? »

Amma : Oui, à toi.

L'homme revint s'asseoir auprès d'Amma.

Question : Je suis certain que tu fais allusion à quelque chose, car telle a toujours été mon expérience dans le passé. Amma, je t'en prie, dis-moi clairement ce que tu veux me suggérer.

Amma continua à donner le darshan pendant que l'homme attendait d'en savoir plus. Pendant quelque temps, elle ne dit rien.

Amma : Il doit bien y avoir quelque chose, un incident ou une situation qui t'est soudain revenu en mémoire. Sinon, pourquoi aurais-tu réagi si rapidement en entendant Amma parler de pardon ? Mon fils, tu n'as pas eu la même réaction quand Amma t'a dit d'être patient. Tu as accepté le conseil et tu as fait quelques pas pour partir, n'est-ce pas ? Il y a donc vraiment quelque chose qui te tracasse.

Après avoir entendu ces paroles, l'homme resta un moment assis, tête baissée. Puis il se mit tout à coup à pleurer, se cachant le visage dans les mains. Amma ne put supporter de voir son enfant pleurer ; elle essuya affectueusement ses larmes et lui caressa la poitrine.

Amma : Ne t'inquiète pas, mon fils, Amma est avec toi.

Le dévot (*en sanglotant*) : Tu as raison. Je n'arrive pas à pardonner à mon fils. Je ne lui ai pas parlé depuis un an. Je suis profondément blessé et très en colère contre lui. Amma, je t'en prie, aide-moi.

Amma (*en lui jetant un regard plein de compassion*) : Amma comprend.

Le dévot : Il y a environ un an, il est rentré un jour à la maison complètement défoncé. Quand j'ai voulu mettre son comportement en question, il est devenu violent, il m'a crié dessus et s'est mis à faire voler des assiettes et à tout casser. J'ai totalement perdu patience et je l'ai chassé de la maison. Depuis lors, je ne l'ai pas revu et je ne lui ai pas non plus parlé.

L'homme paraissait vraiment très malheureux.

Amma : Amma voit ton cœur. N'importe qui se serait mis en colère dans une telle situation. Ne te sens pas coupable. Toutefois, il est important pour toi de lui pardonner.

Le dévot : J'aimerais le faire mais il m'est impossible d'oublier et de passer l'éponge. Chaque fois que mon cœur me dit de lui pardonner, ma tête n'est pas d'accord ; elle argumente : « Pourquoi devrais-tu lui pardonner ? C'est lui qui est en tort, c'est donc à lui de venir présenter des excuses et demander pardon. »

Amma : Mon fils, souhaites-tu vraiment trouver une issue à la situation ?

Le dévot : Oui, Amma, je veux aider mon fils à guérir et guérir moi-même.

Amma : Alors n'écoute jamais ton mental. Le mental ne peut ni guérir, ni résoudre aucune situation de ce type. Il va au contraire envenimer les choses et ajouter à ta confusion.

Question : Amma, que me conseilles-tu ?

Amma : Amma ne va peut-être pas te dire ce que tu souhaiterais entendre mais elle peut te dire ce qui va réellement contribuer à résoudre le problème et rétablir la paix entre ton fils et toi. Aie confiance et les choses s'arrangeront peu à peu.

Le dévot : Amma, sois gentille, dis-moi ce que je dois faire. Je ferai de mon mieux pour suivre toutes tes instructions.

Amma : Ce qui est arrivé est arrivé. Il faut d'abord que tu reconnaisses et acceptes ce fait. Et puis, sache que la cause des évènements qui se sont enchaînés ce jour-là est plus profonde qu'il n'y paraît. Tu as un mental inflexible et trop désireux de blâmer ton fils pour tout ce qui est arrivé. Très bien. Il porte peut-être la responsabilité de cet incident particulier. Néanmoins...

Le dévot (*avec inquiétude*) : Amma, tu n'as pas fini ce que tu allais dire.

Amma : Amma va te poser une question. As-tu manifesté beaucoup de respect et d'amour envers tes parents, en particulier envers ton père ?

Le dévot (*l'air un peu interloqué*) : Avec ma mère, oui, j'avais une très belle relation... mais avec mon père la relation était épouvantable.

Amma : Pourquoi ?

Le dévot : Parce qu'il était très sévère et qu'il m'était difficile d'accepter sa façon de faire.

Amma : Et bien sûr, il y a eu des moments où tu t'es montré très grossier envers lui, ce qui l'a blessé dans ses sentiments, n'est-ce pas ?

Le dévot : Oui.

Amma : Cela signifie que ce que tu as fait à ton père te revient maintenant au travers de ton fils, de ses paroles et de ses actions.

Le dévot : Amma, j'ai foi en tes paroles.

Amma : Cette relation tendue avec ton père t'a fait beaucoup souffrir, n'est-ce pas ?

Le dévot : Oui.

Amma : Lui as-tu jamais pardonné, restaurant ainsi une relation harmonieuse avec lui ?

Le dévot : Oui, mais seulement quelques jours avant sa mort.

Amma : Mon fils, veux-tu que ton fils connaisse la même souffrance, ce qui te rendra toi aussi malheureux ?

L'homme fondit en larmes en secouant la tête et dit : « Non Amma, non... jamais. »

Amma (*tout en le serrant contre elle*) : Alors pardonne à ton fils, parce que c'est la seule voie qui mène au bonheur et à la paix.

L'homme resta auprès d'Amma et médita pendant un long moment. En partant, il déclara : « Je me sens si léger, si détendu. Je vais rencontrer mon fils dès que possible. Merci infiniment, Amma, merci. »

Darshan

Question : Quelle attitude faut-il avoir pour recevoir ton *darshan* dans toute sa force ?

Amma : Comment percevons-nous pleinement la beauté et le parfum d'une fleur ? En étant complètement ouvert à la fleur. Imagine que tu aies le nez bouché ? Alors tu passeras à côté. Ainsi, si ton mental est bloqué par des jugements et des idées préconçues, tu passeras à côté du *darshan* d'Amma.

Le scientifique considère une fleur comme un objet de recherche, le poète, comme un sujet d'inspiration. Et le musicien ? Il chante sa beauté. L'herboriste, quant à lui, y voit la source d'un remède efficace, n'est-ce pas ? Pour l'animal ou l'insecte, ce n'est que de la nourriture. Personne ne voit la fleur comme une fleur, comme un tout. Ainsi, les gens ont des natures différentes. Amma reçoit chacun de la même manière, elle donne la même chance à tous, le même amour, le même *darshan*. Elle ne rejette personne, parce que tous sont ses enfants. Néanmoins, selon le degré de réceptivité de chacun, le *darshan* est différent.

Le *darshan* est un flot constant, sans fin. Il suffit de le recevoir. Si, pendant au moins une seconde, tu parviens à t'abstraire complètement de ton mental, le *darshan* se produira dans toute sa plénitude.

Question : En ce sens, est-ce que tout le monde reçoit ton *darshan* ?

Amma : Tout dépend du degré d'ouverture de la personne. Plus elle est ouverte, plus elle le reçoit. Le *darshan* n'est jamais reçu dans sa plénitude, mais chacun reçoit un aperçu.

Question : Un aperçu de quoi ?

Amma : De sa nature réelle.

Question : Cela signifie-t-il qu'ils reçoivent aussi un aperçu de ce que tu es en réalité ?

Amma : La réalité en toi et en Amma est la même.

Question : Qu'est-ce que c'est ?

Amma : Le silence plein de béatitude de l'amour.

Pas un espoir, une conviction absolue

Journaliste : Amma, quelle est ta raison d'être sur cette planète ?

Amma : Et toi, quelle est ta raison d'être sur cette planète ?

Journaliste : Je me suis fixé certains buts dans la vie. Je pense que je suis ici pour les atteindre.

Amma : Amma aussi est ici pour accomplir certaines choses bénéfiques au monde. Toutefois, contrairement à toi, Amma ne se contente pas de *penser* que ces buts seront atteints, elle en est complètement certaine.

AUM TAT SAT

Table des matières

Le but de la vie 9
Sois patient, parce que tu es un patient 13
Le vrai sens du mot dharma 16
Amour et amour 19
Conscience et présence 20
La conscience est, de toute éternité 22
Sans prétention 25
L'importance du maître sur la voie spirituelle 26
Le contact qui guérit 28
La souffrance liée à la mort 31
L'humanité aujourd'hui 34
Un raccourci vers la réalisation du Soi ? 36
Le progrès spirituel 37
Le mental d'un être réalisé 40
La distance qui nous sépare d'Amma 43
La façon de faire d'Amma 45
Pas besoin de vérité nouvelle 48
La vérité 49
Un conseil en une phrase 51
La nécessité d'un emploi du temps 55
L'effort personnel 56
La grâce 58
Sannyas : au-delà des attributs 60
Jeu divin en plein vol 62
La sympathie et la compassion 64
L'amour vrai ne connaît pas la peur 67
Prescriptions et proscriptions 68
Amma, une offrande au monde 70
La forme extérieure du satguru 72
Les disciples parfaits 73

Le Védanta et la création....75
« Es-tu heureux ? »....80
Un exemple remarquable....81
Les relations amoureuses....82
Que fait un vrai maître ?....87
Les actes d'un mahatma....89
Les étreintes d'Amma éveillent 91
Comment transformer le monde en Dieu....92
La puissance des paroles d'Amma....93
Les scientifiques et les saints....96
Comment aller au-delà des pensées....97
La violence, la guerre et la solution....99
Le Christ et le christianisme....103
Initiation à un mantra consacré au Christ....106
Les chercheurs dans l'illusion et le moyen d'en sortir....108
L'aide du maître nous permet d'atteindre le but....110
L'offrande d'un cœur innocent....111
En ligne directe avec Dieu....112
Comme la rivière coule....113
Les sons et les mantras védiques....114
Le sentiment d'un manque....116
Le monde et Dieu....118
Une patience infinie....123
L'amour inconditionnel et la compassion....128
La voie la plus facile....129
L'illumination, l'abandon de soi et la vie au présent....130
Japa mala et téléphone portable....132
Une Upanishad vivante....133
Maya....138
Les athées....139
La paix....141
La leçon suprême....145
L'art et la musique....147

La fontaine d'amour 149
Pourquoi prends-tu les gens dans tes bras ? 150
Une précieuse leçon 151
Comprendre un être réalisé 153
Amma, énergie inépuisable 155
Le fils perdu et retrouvé 157
La violence 159
L'ignorance, voilà le problème 161
Mauvaise interprétation de l'humilité 163
Sommes-nous spéciaux ? 164
Epanouissement de soi ou du Soi ? 165
L'ego n'est qu'une petite flamme 168
L'actualité 170
Le bonbon et le troisième œil 171
La nature de l'illumination 173
Celui qui voit 175
L'innocence est la shakti divine 178
Amma ne peut pas être autrement 179
Reconnaître la Bien-Aimée 180
La notion de « l'autre » 181
Dieu est-Il masculin ou féminin ? 183
La spiritualité crée l'équilibre 185
L'attachement et l'amour 186
Comment surmonter les dangers de la vie 188
N'accaparez pas la richesse de Dieu 192
Amma et la nature 194
Sannyas, le sommet de l'existence humaine 198
Il n'y a qu'un seul dharma 202
Agir ensemble : le dharma d'aujourd'hui 205
La dévotion et la conscience 206
Aider le cœur fermé du disciple à s'ouvrir 207
Le sens de la gratitude 209

La puissance qui anime le corps 210
Deux expériences vitales 212
Prendre autrui en considération 213
Une matrice d'amour 216
Les êtres spirituels ont-ils quelque chose de spécial ? 217
Un arrêt momentané 219
L'écoute du mental 221
L'amour et l'intrépidité 222
Pourquoi y a-t-il des guerres ? 225
Comment rendre Amma heureuse ? 227
Le vrai problème 228
Le problème, ce n'est pas le monde 229
Pourquoi suivre la voie spirituelle ? 230
Gérer l'énergie spirituelle 231
La plainte et la compassion d'un cœur innocent 232
Eveiller le disciple qui rêve 234
L'obéissance au guru 236
L'horizon est ici 237
La foi et le rosaire 239
L'amour et l'abandon de soi 241
Conscience et vigilance 242
La foi simplifie tout 243
Se concentrer sur le But 244
Agir nous enchaîne-t-il ? 245
Accroître son discernement 246
Le saut final 247
Le moment le plus heureux de la vie d'Amma 248
Le plus grand cadeau qu'Amma puisse faire 250
L'amour rend tout vivant 251
Une grande leçon de pardon 254
Darshan 259
Pas un espoir, une conviction absolue 261